中国家长
教子必读

牛晓彦◎编著

钱氏家训

新解

北京理工大学出版社
BEIJING INSTITUTE OF TECHNOLOGY PRESS

图书在版编目（CIP）数据

钱氏家训新解 / 牛晓彦编著. —北京：北京理工大学出版社，2014.8
（2020.11重印）

　ISBN 978-7-5640-8575-9

　Ⅰ. ①钱… Ⅱ. ①牛… Ⅲ. ①家庭道德—中国②家庭教育—中国
Ⅳ. ①B823.1②G78

中国版本图书馆CIP数据核字（2014）第143603号

出版发行 / 北京理工大学出版社有限责任公司
社　　址 / 北京市海淀区中关村南大街5号
邮　　编 / 100081
电　　话 / （010）68914775（总编室）
　　　　　 82562903（教材售后服务热线）
　　　　　 68948351（其他图书服务热线）
网　　址 / http://www.bitpress.com.cn
经　　销 / 全国各地新华书店
印　　刷 / 三河市金元印装有限公司
开　　本 / 700毫米×1000毫米　1/16
印　　张 / 16　　　　　　　　　　　　　　　责任编辑 / 王俊洁
字　　数 / 300千字　　　　　　　　　　　　文案编辑 / 王俊洁
版　　次 / 2014年8月第1版　2020年11月第4次印刷　责任校对 / 周瑞红
定　　价 / 30.00元　　　　　　　　　　　　责任印制 / 边心超

图书出现印装质量问题，请拨打售后服务热线，本社负责调换

前 言

名门望族背后的文化内涵

现代人常说"富不过三代"，还频频指责"富二代"年轻人的种种不端行为。其实大家可能都是只知其一，不知其详。中国古语里这句话的完整版是："道德传家，十代以上，耕读传家次之，诗书传家又次之，富贵传家，不过三代。"

由此可见，富过三代甚至数代都是完全有可能的，关键是看这个家族传承的是什么？家族兴旺的决定性因素是啥？不是钱，不是房产，不是美貌，也不是多儿多女，是看这个家族出过多少优秀的人才！财富和荣誉是优秀能干的人才努力赢来的，也只有优秀能干的后代才能更好地继承、保住和增值财富。守业比创业更难，因为创业者大多从青少年时期就经过磨砺，从而锤炼了他们坚强的意志和杰出的才能，使他们能够成就大业。而其后代面对的是已经富裕起来的家庭，没有经历过创业的艰难，很难懂得财富来之不易，如果没有良好的教育，很容易败掉家业。

因此，没有人才辈出的家庭难以富过三代，没有人才辈出的家族难以长盛不衰……

可人才辈出靠什么？靠良好家风的传承、整体氛围的熏陶。家庭风气对家族兴旺具有决定性的作用，因为家庭是人生的第一课堂。

吴越钱家，无人不知，无人不晓！何方来头？一个励精图治的帝王——钱镠。

钱镠，五代时吴越国开创者，浙江人，是一位很富有传奇色彩的历史人物，他在唐末平定战乱时立下赫赫战功。他精心治理，使江南地区富甲东南。他也被称为"打造苏杭天堂的巨匠"。

自钱王开始，钱家历朝历代皆有俊杰，很多状元，无数进士。日本学者池泽滋子曾对钱镠家族文人群体的形成和成就做过深入研究。乾隆进士钱大昕被陈寅恪推为"清代史家第一人"。更令人惊奇的，是近代钱家的人才"井喷"。除了已编成绕口令的"一诺奖、二外交家、三科学家、四国学大师、五全国政协副主席、十八两院院士"，还出现了许多杰出的父子档人物，如钱基博、钱钟书父子，钱玄同、钱三强父子，钱穆、钱逊父子……还有杭州钱家钱学榘的儿子——2008 年 10 月 8 日荣获诺贝尔化学奖的美籍华裔科学家钱永健……

钱氏家族人才"井喷"，背后谜底是什么？

《钱氏家训》是先祖吴越国王钱镠留给子孙的精神遗产，分个人篇、家庭篇、社会篇和国家篇。

个人篇开篇即语："心术不可得罪于天地，言行皆当无愧于圣贤！"认为人是天地之间的产物，我们每个人的内心都要堂堂正正无愧于天地，言行举止要符合圣贤的标准。

家族篇开篇即语："内外六间整洁，尊卑次序谨严！"让我们看到家庭的细节对于优良人格的形成有多重要。家长把家里打理得次序井然，后辈自然会从小养成做事有条理的习惯，最终才能有办大事的基本能力。

社会篇开篇即言："信交朋友，惠普乡邻。恤寡矜孤，敬老怀幼。"在社会交往中，诚信是第一要务。在乡邻问题的处理上，谦让与人方便是首先要做到的。对于社会上的弱势群体，更要负起责任，有能力就要带头抚恤。

国家篇开篇即言："执法如山，守身如玉。爱民如子，去蠹如仇。"在国家层面，普通人更多的是在集体层面上，我们要懂得用严明律法来规范人们的行为，懂得社会的准则，洁身自好。爱民（对优秀的员工要如同对待自己的亲人一样），对于社会（集体）的蛀虫（蠹），则要坚决剔除。

由此可见，《钱氏家训》是一篇无价的宝典，它主张忠孝传家，爱国恤民，化家为国。同时，我们也有理由相信：《钱氏家训》不只是钱氏后人的行为准则，更是留给每个中国人的宝贵精神遗产，是我们每一个中国家庭都应该认真学习的成长训言。

目 录

第1篇

个人——君子傲立于天地间

第1讲

心明——心术不可得罪于天地

《钱氏家训》有言:"心术不可得罪于天地。"意思是说,做人心术要正,只有"心术不得罪于天地",才能有大的作为。这句话从总体上对人们如何立足于社会、如何为人处世提出了要求。孩子们应该明白:不管什么时候,不管做什么事,都应该做到正直、诚恳,居心叵测、精于算计的人是不会受到别人尊敬的,当然也就更不可能成功。

"心术"是一个非常宽泛的概念。什么是心术呢?简单来说,就是心意的动向和性质。《礼记·乐记》中说:"应感起物而动,然后心术形焉。"很早以前,人们就对"心术"进行了说明。《管子·七法》里将心术总结为:"实也,诚也,厚也,施也,度也,恕也,谓之心术。"后来还有种种说法。

其实,心术和我们所认同的很多价值观是重合的,如诚实、忠厚、谦逊、有度等优秀的品质就可以看做是"好"的心术,而欺骗、狭隘、骄横、放纵等令人厌恶的品质则常常被看做"坏"的心术。

心术不正的人常被称为"小人",而心术正的人常被称为"君子"。我们大多数人在生活中都遭遇过小人,他们的表现很多,要么阴险奸诈,要么谎话连篇,要么居心叵测。小人无情无义、无信无德。他们很擅长搞阴谋诡计,在人前的时候甜言蜜语,背地里又经常暗箭伤人,设陷阱、使绊子、搬弄是非、翻云覆雨、信口雌黄、造谣生事、无中生有、口蜜腹剑、出卖他人都是这些人的看家绝活儿。

心术不正的人心里没有道德规范,因此也没有道德约束,他们往往会不惜采用最卑劣的手段贪他人之功达个人私利。小人特别善于琢磨别人，敢于为极小的恩怨不惜付出任何代价。一旦被小人盯上，那会很麻烦的。

每一个正直、善良的人都不愿意与心术不正的人交往，父母要从小教育自己的孩子，让他们养成正直、善良、诚信等优秀的品德，帮他们树立正确的人生观、金钱观和道德观，千万不要放任孩子。

孩子一旦呱呱坠地，父母就应当担负起引导孩子的责任。父母除了要给孩子充足的营养、丰富的知识之外，还要培养孩子优秀的道德品质，这也就是从小培养孩子好"心术"的过程。优秀的品格，只有从孩子还在摇篮之中时开始熏陶，才有希望在孩子心灵中播下道德的种子。前苏联教育家马卡连柯说："正确、合理和适合标准的儿童教育，比做再教育工作容易得多。"可见，从小就加强对孩子心术的校正，对孩子的健康成长极为重要。

很多人的一生都在追求真善美，可是这个过程却很难，于是他们中的大多数都只能在自我挣扎中度过，一生成为生活的苦行者。父母只有从小培养孩子健全的人格，引导他们走上正确的航向，才能使向善成为孩子的自然内驱力，让他们的人生更完美。

2008年10月，美籍华裔科学家钱永健与日本人下村修以及美国人马丁·沙尔菲共同获得2008年度的诺贝尔化学奖。此前，钱永健已获得无数有"含金量"的专业奖项，其中包括2004年获得的有"诺贝尔指针"之称的沃尔夫医学奖。此外，他还拥有不少于60项的美国专利发明。

钱永健1952年出生于美国纽约，在新泽西州利文斯顿长大。他的父亲钱学榘是著名的科学家，是钱学森先生的堂弟。良好的家教让钱永健从小就接受了良好的教育。他发明的多色荧光蛋白标记技术，为细胞生物学和神经生物学的发展带来一场革命。

1962年，下村修和约翰森两位化学家在《细胞和比较生理学杂志》上报道，他们分离纯化了水母中发光蛋白水母素。1963年，他们在《科学》杂志上报道钙和水母素发光的关系。其后Ridgway和Ashley提出可以用水母素来检测钙浓度，创造了检测钙的新方法。1974 年，他们纯化到了这种蛋白，当时称绿色蛋白，以后称绿色荧光蛋白 GFP。

下村修本人对 GFP 的应用前景不感兴趣，也没有意识到应用的重要性，不久之后，他就离开了普林斯顿到 Woods Hole 海洋研究所工作。但是钱永健却发现了这一领域在未来社会中的巨大价值，他凭借自己在化学与生物方面的天分，经过艰辛的努力，终于找到了让绿色荧光蛋白更亮更持久发光的方法，并创造出了更广泛的荧光蛋白色彩，包括黄、蓝、橙等颜色，成为该领域的最高权威。

钱永健在化学上的成就是显著的，获得诺贝尔奖对他来说是当之无愧的。事实上，在诺贝尔奖公布之前，很多同行都表示：以钱永健所取得的成就，获得诺贝尔奖只是迟早的事。

可是钱永健在接受采访的时候，却表现出了非常谦逊的态度。他在接受记者采访的时候，首先感谢了和他一起分享诺贝尔化学奖的美国生物学家马丁·沙尔菲和日本有机化学家兼海洋生物学家下村修。他特别提到了下村修于 1962 年从生活在美国西海岸近海的一种水母身上首先分离出了绿色荧光蛋白，并说"他的这一工作使得一切成为可能"。

同时钱永健还对他实验室内的工作人员表示了感谢，"我一个人无法完成这些工作"，"我还要感谢瑞典皇家科学院给予我这个荣誉，其实今天的我不会比昨天的我聪明多少"。钱永健还饶有兴致地感谢了提供绿色荧光蛋白的水母，他说："它们拥有绿色荧光蛋白已有数百万年，但却没有人发现，让我们向水母致敬！"

尽管钱永健很早就获得过被称为"指针"的"小诺贝尔奖"，但是钱永健却直言告诫年轻人：如果绝对把获奖作为科学研究的一个目的，那么难免将面对失望。

钱永健获得的荣誉来源于他自己艰苦卓绝的努力和异于常人的天赋，但在获得诺贝尔奖的时候，他却并没有将荣誉紧紧地抱在怀里，而是对奠基者、帮助者表达了诚挚的谢意。他对后来人的告诫也充满哲理，让人们把心态放稳，把方向摆正。他不争名、不逐利，用自己的谦逊、正直和感恩的态度表现出了一个君子的风范。

法国作家巴尔扎克说："一清如水的生活，诚实不欺的性格，在无论哪个阶层里，即使心术最坏的人也会对之肃然起敬。"这句简单的话告诉我们心术正的人和心术不正的人在道德上的高下。

东汉末年，曹操因谋刺董卓不成被缉拿，中牟县令陈宫感其大义，想要追随，见曹操冤杀吕伯奢一家，于是愤然离去。后来，曹操统一中原，为魏国的建立奠定了基础，可是却由于"心术不正"在历史上留下了千古骂名。心术的正与不正，实在不可小觑。

战国时期的思想家荀子有一句至理名言："形相虽恶，而心术善，无害为君子也。"单凭外表是不能判断一个人心术的正与不正。那么，什么样的人是心术正的君子？什么样的人是心术不正的小人？想要做出正确的判断，并不是一件容易的事，只有不断积累经验，才能够正确地见人、识人，免受心术不正者的戕害。

心术不正的小人是一股污浊之气，驱之不去，阴魂不散，千百年来一直腐蚀着社会。虽然他可能只是一时得势，但如果不加防备，还是会给我们的生活带来很多的烦恼。对待心术不正的小人，要做到对他们严厉苛刻并不难，难的是不去憎恨他们；对待品德高尚的君子，要做到对他们恭敬并不难，难的是遵循适当的礼节。因为，君子立身正直，不惧流言，而心术不正的小人如果知道你揭露了他的真面目，为了自保，常常会向揭发者发起进攻。

因此，作为父母，不但要让孩子做一个正直的人，帮助孩子培养优秀的品格，同时还要教会孩子如何与心术不正的人相处。要让孩子明白，在面对心术不正的小人时，一方面，固然要站稳脚跟，划清界限，不趋炎附势，不与他们同流合污；另一方面，也要讲求策略，内方外圆地和他们保持距离不失为一种智慧的选择，不必过于刚直。

因为心怀叵测、居心不良的小人常常不择手段，过分地斥责常常会让他们恼羞成怒，为自身带来灾祸。认识小人是个过程，人心是一杆秤，公众自有判断是非的标准。小人多行不义，迟早会被大家认识到他的嘴脸，一旦被大家所识破，自然就会失去市场。

孩子们要学会远离小人，有效地避免被小人利用。对付伤害自己的小人，也大可不必"以其人之道，还治其人之身"。吃亏买教训，在这里不失为一个好的调整心态的思路。

第2讲

身正——言行皆当无愧于圣贤

《钱氏家训》有言："言行皆当无愧于圣贤。"这句话的意思是说，不管是说话还是做事都要有正直的态度，只有这样，才能无愧于古今的圣贤。这句话向人们阐明了正直的重要性。孩子们也应该具有正直的品格，只有心正、身正、人正，才能昂然立于天地之间，获得别人的赞许和敬仰。

孔子曾经说："其身正，不令而行；其身不正，虽令不从。"这句话的意思很明确：本身品行端正，就是不发命令，人民也会照着去做；本身品行不正，即使发布命令，人民也不会听从。

正直，是许多人所赞颂的品格。可以说，无论是好人还是坏人，都愿意同正直的人打交道，因为正直的人较少私心，也不会为了蝇头小利欺骗你。正直是一种德行，我们每个人都应该努力做到这一点。

古人对"正"的要求很严格，甚至对日常生活中的具体行为也用"正"的标准来衡量。古语道："立如松、坐如钟、卧如弓、行如风。"要求人们在任何时候都应该做到身正——行得正、走得正、坐得正、睡得正。

其实，这也并非过分的要求。一个正派的人要有端正的举止，这样才会给人正气感。《论语·颜渊》中说"文犹质也，质犹文也"。人们很自然地会透过看得着、听得见、摸得到的言行举止，从君子实实在在的表现感受到他内在的真诚、善良、宽容和谅解。如果没有适当的言行举止的外在表现，就显露不出他正大光明的本性。

品行端正是做人的基本标准，每个人都应该把品德修养当做立身做人的大事，不断强化这个意识，时时处处用品行端正来衡量和要求自己，做到心正、言正、身正。

正直是每个群体的成员都应具备的基本品质：对一个公司来说，只有管理人员正直无私，对部属一视同仁，不拉帮派，不分亲疏，不搞"顺我者昌，逆我者亡"，才能服众，才能焕发出团队的凝聚力。对一个政府来说，只有政府官员勤勤恳恳为百姓做事，不以权谋私，不打压不同意见，坦坦荡荡，正直无私，才能获得百姓的认同、人们的拥护。

父母应该让孩子自小就养成正直的品格，把孩子培养成一个正派的人。从很早开始，人们对孩子这方面的教育就非常重视，启蒙文《弟子规》中就有关于孩子"身正"的具体行为规范："步从容，立端正；揖深圆，拜恭敬。勿践阈，勿跛倚；勿箕踞，勿摇髀。"目的就是为了让孩子从小养成正身、正行、正心的习惯，这一点对今天的父母同样具有现实的指导意义。

一个孩子的外在行为表现是他修养和素质的具体反映。走路稳重，站立端正，说明他具有沉稳、正直、不慌乱、不毛躁的性格；行礼时恭敬、谦和，说明他从内心深处尊重对方，使受礼者感到被尊敬，产生好感，很容易形成融洽和谐的气氛，所以不能轻视这些行为。父母必须谨记这一点，时刻为孩子做出表率。

嘉兴海盐钱氏是吴越钱氏的众多分支之一，这个分支的起源可以追溯到元末明初时期。当时，宜兴蒙山支第十四世孙钱正之子钱富迁居海盐，从此形成了海盐支脉。

这一系钱氏有很多传奇性的故事，也是嘉兴诸钱中最为发达的一支。著名社会学家潘光旦先生称之为人才特别昌盛的"清门硕望"，将其与嘉兴平湖的陆氏、秀水的朱氏等大家族并列。

这一系的钱氏家族很早就形成了刻苦读书的良好家风，人才辈出，而"身正"的家训也影响着一代又一代的钱氏族人。

明朝初期，钱氏族人钱琦考中进士，为官清廉。他的侄子钱薇，在明代嘉靖年间中进士，官至礼部给事中，同样也秉持着正直的品格，不媚流俗。钱薇虽然是一个七品小京官，却被人称为"吃了豹子胆"。他见嘉靖皇帝热衷于仙道，荒芜朝政，倍感忧虑，于是就买好棺材，冒死进谏嘉靖皇帝。

钱薇直批嘉靖皇帝本人"狂妄成仙，不理朝政"，又弹劾当时的大奸臣严嵩等人。嘉靖皇帝恼羞成怒，严嵩等人更是火上浇油，结果钱薇被打了一百棍，连腿都打断了。接着，他又被削职为民，可是钱薇正直的名声却传遍了天下。

削职为民之后的钱薇并没有一蹶不振，1555年，倭寇侵占海盐时，钱薇又和地方人士一起抗倭，还为死难将士买棺埋葬，捐田筑坟，结果不幸染上了瘟疫，在同年离开了人世。

海盐钱氏家族到了天启年间又出了名臣钱嘉徵。钱嘉徵是钱镠第二十三世孙，生活在晚明天启时期。当时宦官魏忠贤把持朝政，鱼肉百姓。

钱氏家族一向以直谏著称的钱薇为傲，这样的家教对钱嘉徵影响很大。

他当时虽然只是一个小小的国子监贡生（近似于如今的大学生），并没有什么权力，可是却正气凛然，他奋笔写下了《钱嘉徵疏》，弹劾权倾朝野的魏忠贤。奏本历数魏忠贤十大滔天罪行，满腔义愤，力透纸背。

他本想托一位大臣代为递交，但那位大臣看后吓得直哆嗦，只说"书生狂言，不要命了"，哪里还敢转奏皇帝？可是钱嘉徵却不屈不挠，他冒着砍头及灭门之灾的危险，索性把自己递交奏折的碰壁经过也写成了一份奏章，连同原来的奏章一起上奏皇帝。

消息一出，天下震惊。人们赞誉钱嘉徵为"直声动天下""击奸第一声"，并将他与当时另一位敢于弹劾魏忠贤的嘉兴人魏大中并称为"嘉兴两斗士"。

后来，钱嘉徵的事迹还被记载在《明史》里，流芳百世。这对于一个小小的贡生来说，实在是难得一见的事。

后来，魏忠贤终于倒台。钱嘉徵回故乡后，隐居在海盐南北湖畔仙掌峰，终年五十八岁。卒后也葬于仙掌峰，著有《松龛存稿》。

钱薇在嘉靖皇帝不理朝政、权臣当道的时候，敢于直面危难，为民请命；钱嘉徵以一个小小的贡生身份傲然发难，终于扳倒奸臣，名垂青史。可见正直的人具有巨大的力量，他们身正、心正、人正的气概动人心魄。

正直是一种优良的品格，是一个人思想道德和价值观念的综合反映。俗话说"身正不怕影子斜"。具有正直品格的人，无论在什么时候、什么情况下，都敢于挺直腰杆，维护正义的尊严。他们不会把自己分成两半，口是心非，说一套，干一套，也不会违背做人的原则，奴颜婢膝。

现在的社会纷纭复杂，于是有些人认为正直的人吃不开，也有人认为现在社会上正直的人少了。其实，这话未免偏颇。实际上，尽管现实生活中确有一些人在金钱和权力面前失去了正直的品格，泯灭了做人的良知，但正直、正派的人还是占多数。正是有这些正直的人，那些违法违纪的人才不至于肆无忌惮，为所欲为。正直的人是真正的社会脊梁。

法国思想家罗兰说："能保有着高贵与正直，即使在财富地位上没有大收获，内心也是快乐和满足的。"这是从内心的感受来说明正直之心的重要性。而实际上，一个正直的人、正派的人也更容易获得事业上的成功。正直的人坦坦荡荡，不必为钩心斗角耗费心力，内心的矛盾冲突相对较少，所以他们能保持敏锐、清醒的头脑，无所顾忌地干事业，这样的人往往更容易获得成功。

同时，正直的人有高度的事业心、责任感以及很强的道德感、服从意识和维护真理的勇气，这样的人也更容易受到人们的欢迎。

正直的人能去掉懦弱，变得勇敢；能去掉犹豫徘徊，变得坚定果断；能去掉疑虑，变得心地坦然；能去掉冷漠，变得热心肠。他们不孤独，有无数善良、诚恳的人愿意和他交往；他们不会走向绝望，在困难的时候，会有无数人带来友谊、信任和希望。

因此，父母要引导孩子成长为一个正直的人、一个正派的人。须知，一个人的正直品格不是与生俱来的，而是需要培养和铸就的。父母要有意识地锻炼自己的孩子，即使是在一些细小的事情上也要做到完全真诚，不讲假话；父母要让孩子做到独处时把握自己，抵制不良诱惑，在关键时刻敢于站出来伸张正义，不临阵退缩；父母还要教会孩子正确对待自己的欲望，在名利得失面前经受住考验，不见利忘义、丧失良知。

每一个孩子都应该明白：正直是人受用一生的财富，应该从小时候开始、从小事情开始，不断让自己的心正起来、身正起来、人正起来。只有人人都做到正直了，未来的社会才能保持正直的风气。

第3讲

自省——曾子之三省勿忘

《钱氏家训》有言："曾子之三省勿忘。"这句话的意思是说，要经常反省自己的功过得失，要养成反躬自省的习惯。曾子为孔子的学生，名参，比孔子小四十六岁。在《论语》中记载有曾子的话："吾日三省吾身：为人谋而不忠乎？与朋友交而不信乎？传不习乎？"这就是《钱氏家训》中"曾子之三省勿忘"这句话的典故来源。

实际上，这句话中的"三省"经过几千年的传扬，已经远远超过了"为人谋""与朋友交"和"习传"这三个方面，而进一步扩展到了交友、事业、学业、处世等各个方面。要让孩子明白：自省才能进步，自省才能完善自我，不会自省的人只能停步不前。

德国诗人海涅曾经说过："反省是一面镜子，它能将我们的错误清清楚楚地照出来，使我们有改正的机会。"这正道出了自省的重要性。

人需要自省，无非是因为每个人都不是十全十美的。通过自省，我们就会发现自身存在的不足而改进，就会不断进步，日臻完善。明代的大思想家王阳明曾用金子比喻人格，金子的纯度越高，人格的品位就越高。每个人都有几分金子，能否提高金子的纯度，很大程度上取决于我们是否具有自我反省的能力。

自省的重要性不言而喻，但是现实生活中，却有各种各样的东西让我们迷失自我。现实的世界诱惑太多，我们很容易为事物所左右而迷失。现在，有很多人睁开眼就是吃饭、干活，躺下身子就睡觉，不给自己的大脑以清静思考的时间，只是浑浑噩噩地度日，碌碌无为过一生，这就是不懂自我反省造成的。

对一个孩子来说，自我反省往往显得比成人更加重要。有很多孩子都有这样的毛病，在犯错误或者遭遇挫折的时候，明明自己有错却不懂自我反省，而是将责任一股脑地推给别人，妄图让别人来承担自己的错误和责任。一些平时娇生惯养的孩子更是如此。父母如果不加重视，就会让孩子养成不知反省、永远是自己对的坏毛病。

自省是自律，是以敬畏之心自觉地约束自己。家长要教育孩子，让他知道不仅要懂得借鉴别人的经验，更应该学会自我反省，认识到自身的错误和缺点。如果父母能够帮助自己的孩子从小养成自省的习惯，让他们在自省的基础上进一步自律，让孩子自己控制自己，自己治理自己，那对孩子来说将是受用一生的财富。

钱玄同是现代的语言学大家，也是五四新文化运动中的得力战将。不过，钱玄同并不是从开始就主张变革的，他最初事实上是主张复古的。后来，随着形势的不断更新，他才开始不断自省自己的学术思想，经过两次"自我背叛"，才实现了从复古向新文化的"蜕变"。

1906年秋天，钱玄同来到日本，在早稻田大学留学。他和章太炎一起，在东京创办了同盟会的机关报——《民报》。钱玄同认识章太炎后，于1907年加入同盟会。

虽然政治上相对激进，但是在学术上，钱玄同受章太炎影响很深，立志要研究国学，并从此走上汉语言文字学的研究道路。他曾经和章太炎、陶成章在东京办过六期《教育今语》，给一些失学者灌输文字学和历史学方面的国学常识。章太炎等人主张光复旧物，钱玄同也浸渍于中国古典文献里，写起文章来，经常使用古文常用的"春秋笔法"。

1910年5月，24岁的钱玄同归国。两年之后，他离开杭州来到北京，任国立北京高等师范学校历史地理部及附属中学国文、经学教员，不久兼任北京大学预科文字学教员。1915年北京高等师范学校增设国文部，钱玄同任国文部教授，同时兼任北京大学文字学教授和北京大学研究所国学门导师。

随着"疑古"学派的兴起，钱玄同主动偏离了之前自己的方向。他不断向经学大师崔适请教问学。崔适主攻今文经学，钱玄同正是对古文经学偏重"信古"的态度有所不满，所以才偏向"疑古"的今文经学，这显示了钱玄同对学术变革的认同。这可以算作是钱玄同的第一次"自我背叛"。

但很快，随着社会形势的变化，钱玄同再次自省，修正了自己的方向。

钱玄同本来是坚定不移要复古的。他以为清王朝既已推翻，就当恢复汉民族一切更古的古制——除了"皇帝"之外。但是，1915 年 12 月 12 日，袁世凯宣告恢复帝制，1917 年又发生张勋拥戴溥仪复辟帝制。这一系列事变，使钱玄同大受刺激，他彻底反省了自己的思想，决定由"反清排满"时代恢复以前汉民族的"古"。很快，他又在新思想的带动下，由恢复以前汉民族的"古"进而发展到反对复古，积极投身于新文化运动。这则钱玄同的第二次"自我背叛"。

1917 年，钱玄同加入了中华民国教育部组织的国语研究会，会长是蔡元培。国语研究会着手调查各省方言，选定标准语，编辑语法辞典等书，用标准语编辑国民学校教科书及参考书。

当时的学界兴起了主张"改用万国新语（即世界语）"的思潮，认为在中国即便不能立即推广，也可以考虑先用英语、法语或德语来代替汉语。这种想法完全割裂了中国与传统的关系，显然是不可行的。

钱玄同最初主张推广使用世界语，后来认识到，这是抱有世界大同之理想而改革文字的一种急进派主张，现代的中国则只能提倡国语，于是抛弃旧有的主张，开始全力投入推广国语的工作中去。

1920 年 2 月 1 日，他在《新青年》第六卷第三号发表《减省汉字笔画的提议》一文，认为："拼音文字，不是旦暮之间就能够制造成功的；更不是心浮气躁、乱七八糟把音一拼，就可以完事的。造成拼音文字，第一步是规定语法，第二步是编成字典。有了这两样东西，才能有拼音文字出现。"他通过学术的方法，以学理来阐明注音字母的合理性，并以自己的专长，通过学术的途径，为推进国语尽力。

1928年7月12日，国民政府大学院（即教育部）电请钱玄同、黎锦熙为"国语统一会"的筹备员，改组国语统一筹备会。同年9月26日，中华民国大学院正式公布"国语罗马字"。12月国语统一筹备会改称"教育部国语统一筹备委员会"，钱玄同、黎锦熙、陈懋治、汪怡、沈颐、白镇瀛、魏建功为常务委员。

1932年5月7日，教育部正式公布《国音常用字汇》。黎锦熙在《钱玄同先生传》里说：这部《国音常用字汇》，从民国十二年到民国二十一年，整整经过十年才成功，可以说是钱先生一手编定的。卷首有一长篇例言，题为"本书的说明"也是钱先生一手做成的。

在现代中国文字学和语言学的发展过程中，钱玄同居功至伟，而他不断自省的学术方向，迎接新潮流、顺应新时代的自省、求变精神，则更为人们留下了宝贵的遗产。

钱玄同的不断自省和修正自己的方向，换来了斐然的学术成就和在学界不可动摇的地位，他的人生经历给我们以警醒，不但做学问是如此，生活中的很多事情都是如此。彭德怀先生回顾自己一生的时候，曾经这样说："我们是共产党人，应该比古人更高明些吧！我们能不能做到一日一省，一周一省，半月或一月一省呢？我是一月一省吾身，不管工作怎样忙，每月总要抽出半天时间把自己做过的事认真地检讨一番，看哪些做对了，哪些做错了，以便少犯错误或不犯严重错误。"这个宝贵经验，值得每个人铭记。

希腊古城特尔斐的阿波罗神殿，在入口处的石柱上刻有一句被认为是点燃希腊文明之火的格言："人啊，认识你自己。"每当游人来到这里，都要驻足凝思，玩味这句话的深刻含义。

自省是我们每个人净化心灵的手段，是我们了解自我的途径，同时也是自我修养的最高境界。对自身的成长来说，自省是自我进步的梯子，是征服他人的利器。每次的自我反省就是一次检阅、一次提升、一次重新认识自己的机会，积极地自省，是否能够做到一次又一次的自省，将在很大程度上影响着一个人的前途和命运。而对一个民族来说，自省的意义同样重大，一个不懂得自省的民族，是不会走向强大的。

作为父母，应该如何教育孩子才能使他们懂得自我反省呢？其实并不是很难。在教导孩子养成自省习惯的过程中，要有耐心，有爱心，同时也要有"狠心"，这样才能收到实效。

孩子犯错的时候，请拿出你的爱心与耐心，不要急于发火，要给孩子一定的空间和时间来反省自己，也给自己一个缓和冷静的机会。让孩子反省的目的，不仅仅是为了让孩子知道错了，错在哪里，还要让孩子反省出改正的方法。一些父母总是喜欢这样说："我早就跟你说过了，你就是不听，现在……""让你不听老人言，现在吃亏在眼前了吧！"这种语气和论调只会加强孩子的逆反心理。

同时，还要有"狠心"，要让孩子承担做错事情的后果。很多父母喜欢为孩子承担后果，使孩子觉得做错了也没关系，因为有父母在帮助他，在这样的教育下，孩子只会不断犯错。只有让孩子自己去承担犯错的后果，才会促使他们学会反省。

第4讲

尊礼——程子之四箴宜佩

《钱氏家训》有言："程子之四箴宜佩。"这句话的意思是说，要严格遵循程颐"四箴"的要求，做到视听言动，非礼不为。这句话告诉人们要讲礼貌，行动要有度，做事要有节。孩子们也应该懂得这个道理，在言语、行为上用高标准来要求自己，不能恣意妄为。

儒家经典《论语》中记载了这样的一段对话："颜渊问仁。子曰：'克己复礼为仁。一日克己复礼，天下归仁焉。为仁由己，而由人乎哉？'颜渊曰：'请问其目。'子曰：'非礼勿视，非礼勿听，非礼勿言，非礼勿动。'颜渊曰：'回虽不敏，请事斯语矣。'"

这段话中的"非礼勿视，非礼勿听，非礼勿言，非礼勿动"意思就是说，对那些不符合礼的、不礼貌的，不能看、不能听、不能说、不能动，就是教导人们要"尊礼"。

宋代理学家程颐将孔子的理论进一步发挥，发展出视、听、言、动"四箴"的概念，劝导人们重视日常言行及修养，认为只要视而能察、听之能审、言而有道、动能守诚，就能达到与圣贤同归的境界。

礼仪在人际交往中，涉及穿着、交往、沟通、情商等内容。从个人修养的角度来看，礼仪可以说是一个人内在修养和素质的外在表现。所以说，礼仪就是用"穿着、交往、沟通、情商等内容"来表达礼。礼是什么？礼要表达的，就是尊重，让别人感受到有自己的位置，受到重视，不被轻蔑。

古人对孩子的"尊礼"教育非常重视，妇女从受孕开始，就要"寝不侧"，就是睡觉要端正，不能随便睡；要"坐不边"，就是坐的姿势要端正，不要坐一侧或坐歪了；要"立不跛"，就是站立时要站好。总而言之，就是言行举止、行止坐卧都要有礼貌，不可以随便。

孩子长大一点后，对"礼"的要求就更加严格。在古代，孩子生活在文化设定的种种礼仪之中，这些礼仪活动不仅仅是一种纪念的形式，更是表达了一种美好的愿望和祝福。

中国古代对孩子的礼仪教育体现在生活的方方面面，父母通过这些教育，把表示尊重、敬意、友好而遵循的行为规范和准则传授给自己的孩子，其内容具体表现为仪表仪态、言语交谈、行为表现等三个方面，这些对现今孩子的道德教育也具有重要借鉴价值。

有些父母想当然地认为，现代的社会很自由，讲究个性，懂不懂文明礼仪没关系，只要学习好，有真本事就行了，还有些父母觉得孩子小时候调皮、不懂礼貌，长大懂事了自然而然就会改正。其实，这都是误解。孩子的文明礼仪需要从小培养，否则就会形成坏习惯，一旦形成坏习惯，再改就很难。

父母应该明白，越是懂礼仪的孩子，越能获得自己发展的广阔天地，因为他会受到他人的尊重和欢迎，而文明礼貌始终是孩子应该养成的好习惯。

钱沣，字东注，号南园，是清乾隆年间的名臣。由于擅长画马，且多是瘦马，所以又被世人称为"瘦马先生"或"瘦马御史"。钱沣生于云南昆明，祖籍江苏省江宁县，先祖钱铸在明成化年间来到昆明，从此安家落户。

钱家连续很多代都是寒门，但是却没有放弃读书，连续好几代钱家人没有高官显贵，也没有富商巨贾，都过着亦耕亦读的平民生活，受儒家思想的影响很深。钱沣的父亲钱世俊由于社会动乱，家境破败，继承了祖传的银匠手艺；而他的母亲李氏出身破落士人家庭，也懂得诗书礼仪。

钱沣六七岁的时候，由于家庭贫穷，弟妹又多，他身为长子，想要辍学劳作，以照顾家人，却遭到了母亲李氏的坚决反对，她教导钱沣，让他坚持读书。

聪慧的钱沣在家人的支持下继续读书，十几岁的时候就已经显示出了自己的才干，当时的人称之为"滇南翘楚"，这对钱沣是很大的鼓励。

虽然很有才学之名，但是钱沣的功名之路并不十分顺利，直到30多岁才中进士。他先任翰林院庶吉士，后来充任国史馆纂修官，前后任职将近十年。

钱沣深受儒家思想的影响，一生勤勉于公务，执政严明，待人宽厚，助贫为乐，用自己的行动实践着"非礼勿视，非礼勿听，非礼勿言，非礼勿动"的儒家信条。

钱沣始终固守着"慎独"的思想，保持高风亮节。他生活俭朴，穿着十分简朴，仆从也非常简单，饭食也都是家常饭食，可是却一点也不觉得有什么不当。他接待乡友学生从不以贵贱而有所区分，招待这些人的时候也都是用一样的饭菜。

他在京城为官时，经常要来往于京城的南、北城之间。他从未像别人那样高头大马、华丽车饰、前呼后拥、官派十足地招摇过市，多数时候都是带着一个仆从和普通老百姓一样步行，偶尔时间比较紧急，顶多也就雇辆骡车乘坐。

有时候遇到躲不开的宴请，钱沣就有烹不吃桌上的美味佳肴，唯恐吃馋了，以后不习惯俭素的生活。这种律己自节，简直到了苛刻的程度。他说："我本来就是寒士，少年时候的辛苦就像昨天刚刚经历一样。如果做官一味讲究车马如何豪华、衣服如何华贵，那又怎么能做到廉洁呢？"

钱沣常年做御史，御史负责监察百官，因此是很能来财的"金饭碗"，可是钱沣却没有因此而富起来。他没有什么积蓄，一遇大事常常还要向友人借贷。有一次，他决定弹劾乾隆的宠臣和珅，自知凶多吉少，如弹劾不成，必遭处罚和报复，于是就决定做好"严谴戍边"的准备。可是他连路费都没有，只好向友人借了十吊钱。

尽管生活清苦，但钱沣却坚守"非礼勿动"的信条。他从不爱财，更不受贿，平日不随便接受别人尤其是高官显贵的馈赠。有一次，他与和珅、刘墉等人一同前往山东办案，路上和珅见他穿得破旧单薄，就关切地拿出新衣服请他换上，以笼络和收买他，结果被钱沣一口回绝。

乾隆五十八年，钱沣在昆明任职期满要回京复职，窘迫得连路费都没有凑够，当地官员打算赠他路费，却被他婉言谢绝，最后他向几家亲戚借钱上路，才回到北京。父母去世时，钱沣宁愿典当家产甚至去借高利贷，也不收取任何人的任何馈赠。

我国是一个礼仪之邦，对礼仪历来非常重视。礼貌待人是中华民族的传统美德，是我们国家、民族文明、进步的表现。而《钱氏家训》中所谓"程子之四箴宜佩"则是从个人修养的角度对族人的言行提出了规范性的要求，这一点值得我们思考。

事实上，新中国成立后，我国历代领导人也都十分讲究礼节。周恩来总理举止文雅，一向被人们称作"礼貌待人的楷模"。有一次，周恩来请一位姓朱的理发师傅给他刮脸，刚刮到一半，周恩来忽然咳嗽了一声，朱师傅没提防，刮了个小口子，朱师傅心里一阵紧张，忙说："我工作没做好，真对不起总理。"周总理微笑着宽慰他说："怎么能怪你呢！全怪我咳嗽没和你打招呼，还幸亏你刀躲得快。"事后，周总理还一再向朱师傅道谢，尽力消除朱师傅的顾虑。

周恩来总理的一件小事给我们巨大的教育意义。一个没有礼貌、举止粗俗、不尊重他人的人，在工作中很难获得尊重和同事的友好协作，在生活中也不易获得友谊和自信，因此往往缺乏幸福感。要想使孩子成长为有所作为的人，父母应当让孩子从小懂礼貌，讲友谊。

应该怎么教孩子懂礼貌呢？古代的一些尊礼教育或许可以给父母们提供一些灵感。清初著名学者、教育家李毓秀根据传统对童蒙的要求，也结合他自己的教书实践，写成了《训蒙文》，后来经过修订，改名《弟子规》。《弟子规》中的很多要求对今天来说也有很现实的意义。我们摘录其中的一部分与父母们分享：

晨必盥	兼漱口	便溺回	辄净手	冠必正	纽必结	袜与履	俱紧切
置冠服	有定位	勿乱顿	致污秽	衣贵洁	不贵华	上循分	下称家
对饮食	勿拣择	食适可	勿过则	年方少	勿饮酒	饮酒醉	最为丑

步从容	立端正	揖深圆	拜恭敬	勿践阈	勿跛倚	勿箕踞	勿摇髀
缓揭帘	勿有声	宽转弯	勿触棱	执虚器	如执盈	入虚室	如有人
事勿忙	忙多错	勿畏难	勿轻略	斗闹场	绝勿近	邪僻事	绝勿问
将入门	问孰存	将上堂	声必扬	人问谁	对以名	吾与我	不分明
用人物	须明求	倘不问	即为偷	借人物	及时还	后有急	借不难

孩子的尊礼教育是个长期的过程，父母要耐下心来，尊重孩子，同时以身作则，让孩子从自己身上看到尊礼、重礼的风范。

孩子也应该不断学习，从书本上、从电视节目中、从实际生活中学习礼貌的言行，做一个懂礼貌的好孩子。

第5讲

慎独——持躬不可不谨严

《钱氏家训》有言："持躬不可不谨严。"意思是说秉持谦恭的态度不能不严谨、不能不苛刻。大略来说，就是要求人讲究"慎独"的自我修养。古代的蒙学三字文《弟子规》中有这样的句子，"执虚器，如执盈；入虚室，如有人"说的也是同样的道理。

"慎独"是我国古代儒家创造出来的具有我国民族特色的自我修身方法。儒家对于慎独的解释是："慎其独也者，言舍夫五而慎其心之谓也。独然后一，一也者，夫五为一也，然后得之。"人们坚信，在最隐蔽的言行上能够看出一个人的思想，在最细微的事情上能够显示一个人的品质。因此，品德高尚的人在一个人独处的时候也能做到谨言慎行，不做愧对良心的事。

慎独是一种情操，是一种修养，是一种自律，是一种坦荡。所谓"慎独"，是指人们在独自活动无人监督的情况下，凭着高度自觉，按照一定的道德规范行动，而不做任何有违道德信念、做人原则之事。

慎独是相当高的价值标准，因为在大众面前，众目睽睽之下，人们往往会顾忌别人的看法和眼光，有时候甚至还要顾忌国法条例的约束，因此做到中规中矩、一丝不苟并不十分困难。可是在只有一个人的时候，想要做到人前人后如一就很困难了。因此，"慎独"最能考验人的意志和品行，倘若修身能渡过这道难关，就不失为一个高尚而纯粹的人。

现实生活中，常有这样的现象：在众人面前讲究卫生，独自一人时就随地吐痰，乱扔废弃物；有警察时遵守交通法规，一旦路口无人值守就闯红灯；在自己熟悉的集体中谦恭有礼，一旦置身于陌生的环境就不再遵守公德。

在充满诱惑的大千世界之中，一个人要做到"慎独"，成为坦荡的君子，需要有极强的自制力。只有做到慎始、慎终、慎权、慎欲、慎内、慎友、慎微、慎言、慎断、慎威，才能称得上真正的"慎独"。

做父母的要明白：只有先培养孩子的道德，孩子的其他方面才会得到发展，而培养孩子的"慎独"精神，是道德教育的重要内容，也是孩子全面发展的保证，因为这关系到孩子的最基本的品德养成。我们要培养孩子的"慎独"精神，就是为了让孩子在还小的时候就认识到做人的最重要的意义，因为这毕竟在最隐蔽的言行上能够看出一个人的思想。

教导孩子学会"慎独"，要让他们明白，要在"隐"和"微"上下工夫，要以自省作为起点和基础。慎独不是做做样子，讲讲排场，而是要在无人监督、无人知道的情况下，也能严格按道德原则办事，要在成长的过程中学会自我教育、自我监督、自我克制、自我完善，始终保持"慎独"的坚定性和自觉性。

提起钱学森的名字，在中国可谓无人不知、无人不晓。他是享誉海内外的杰出科学家和中国航天事业的奠基人，中国"两弹一星"功勋奖章获得者之一。钱学森幼年所受的教育非常好，良好的教育不但使他的成绩优异，而且还使他养成了"慎独"的良好品德。

1923 年 9 月，钱学森进入北京师范大学附属中学学习。1929 年 9 月，他以优异的成绩考入了上海交通大学的机械工程系。1933 年时，22 岁的钱学森在国立交通大学机械系读三年级，当时教授水力学的是金悫教授。按照当时的学习计划，课堂上经常进行测试。6 月 23 日那天，钱学森所在的班里进行了水力学考试。按照当时交通大学的教学习惯，考试之后，负责的老师要在试卷上用红笔打上"√"或者"×"，然后在下一堂课上课的时候发给学生，让学生校看，知道什么题答对了、什么题答错了，经过这个过程后，学生们再把试卷返还给老师，老师这才在试卷右上角的分数栏里用红笔写上分数。

钱学森的成绩一贯优异，这次发下的试卷上又是全部打的"√"，如果没有别的问题，他这次就又要稳拿 100 分了。可是，钱学森没有放过任何细节，他重新检查了一下考卷，竟然发现了一处小错误：在一道公式推导的最后一步，他不小心把"Ns"写成了"N"。

当时交通大学的求知气氛并不很浓，但却十分重视考分，学期终了，平均成绩计算到小数点以后两位数字。而钱学森的各科成绩一向优秀，如果扣分，很可能影响他的成绩排名，甚至会对奖学金造成影响。

其实，钱学森只要在字母"N"的后面悄悄添上一个小写的字母"s"就万事大吉了，就是重新交上去也不会有任何破绽，但是钱学森还是立即声明了自己的错误，主动要求金悫教授扣除自己相应的分数。金悫教授核查了之后，就给了他 96 分。

金悫教授名字里的"悫"字就是"诚实谨慎"的意思，他也一向重视这一品德。钱学森的这一行为让他很是赞赏，因此就特意保留了钱学森的这份试卷。抗日战争期间，上海交通大学内迁。在流离颠沛的日子里，金悫教授始终没有丢弃这份试卷，带着它辗转来到了大西南。

47 年之后，也就是 1980 年，钱学森回到母校看望师生，金悫教授拿出了这份珍贵的历史文献，了解此事的人无不对钱学森"慎独"自律的品质佩服有加。

后来，金教授把这件"文物"捐给了上海交通大学档案馆永久收藏，而金教授讲述的故事在上海交通大学也传为佳话。

钱学森主动要求扣分的故事被传为佳话，这个小小的故事可以折射出他"慎独"的品质光辉——即使在无人知道的情况下，即使在可能危及自己前途的情况下，依然能够做到自律，这是多么不容易的事情。

革命先辈刘少奇同志曾经在《论共产党员修养》中这样要求共产党员："（要在）党内没有要隐藏的事情，'事无不可对人言'，除去关心党和革命的利益以外，没有个人的得失和忧愁。即使在他个人独立工作、无人监督、有做各种坏事可能的时候，他能够'慎独'，不做任何坏事。"

这是一个组织对成员的要求，而对一个人来说，"慎独"的重要性也不言而喻。如果人们没有"慎独"的观念，单凭法律和制度来约束，那社会的混乱程度就可想而知了。

纵观古今，有识之士都把"慎独"作为修身养性的一面镜鉴，一杆心秤，经常照一照，称一称，使其人格日臻完美，形象日臻高大。"慎独"虽然是古人提出来的，但并没有因时代的更迭变迁而失去现实意义，是因为它是悬挂在你心头的警钟，是阻止你陷进深渊的一道屏障，是提升你自身修养走向完美的一座殿堂。

其实任何人都会有些损人利己之类的"非分之想"，但只要这些念头没有变成行动，就不会给他人或社会造成影响，因此并不需要自责。而要把这种念头"关起来""管起来"，就需要有"慎独"来约束。如果一个人缺乏了"慎独"的原则，随心所欲、任意妄为，那就一定会酿成大祸。

可以说，"慎独"作为一种传统的修身法，不仅在古代发挥过重要作用，如今也能为构建和谐社会提供精神支持。官员们需要"慎独"，做到面对金钱不随便伸手，而不是"天知、地知、你知、我知"的心照不宣；普通民众需要"慎独"，做到人前不做坏事、人后也谨慎自律。只有这样，和谐社会的建设才不是水中月、镜中花。

而今，社会上的竞争越来越激烈，对父母、对孩子的压力也越来越大，一些父母为了眼前的利益经常放弃自己的原则，这对孩子往往造成不利的影响。

要想教导孩子形成"慎独"的品质，首先要给孩子灌输正确的价值观，父母可以多和孩子谈谈各种规则，如游戏规则、交通规则之类，让孩子懂得法律法规。也可以多给孩子讲人生，讲社会，讲国家大事，让孩子有爱国心，学会道德准则。只有将这些细小的东西渗透到孩子的理念中去，才能够让他们自觉遵守正确的价值文化。

同时还要谨慎孩子的"第一次"犯规。只要第一道防线被冲破了，往往会"一泻千里",一发不可收拾。因此,"一步之错"不可小觑,要让孩子懂得:千里之堤,毁于蚁穴,"慎独"在于一次次的自律和积累。让他们明白:慎独是一种修养,"慎独"是一种品行。做到"慎独",一时也许会失去什么,但肯定不会什么都失去、永远失去。

第6讲

忌贪——临财不可不廉介

《钱氏家训》有言："临财不可不廉介。"意思就是面对财富不能穷奢极欲，要保持清醒的头脑。孩子们一定要懂得：世上有很多比钱更宝贵的东西，譬如崇高的理想、伟大的事业、高尚的道德、优良的品质、无私的友谊、忠贞的爱情，等等。

即使你家财万贯，没有亲人、朋友和你分享，那么有再多的钱又如何？所以说，金钱能买到床铺，却买不到睡眠；金钱能买到补药，却买不到健康；金钱能买到食物，却买不到胃口；金钱能买到书籍，却买不到知识；金钱能买到钟表，却买不到时间。

人人追求富足的生活，只要他的富足是用诚实的方法得来的，就没有错。钱财不是万恶之根，贪财才是万恶之根。诚如《圣经》所言："贪财是万恶之根源。有些人因贪慕钱财而背离了信仰，饱受痛苦，心灵破碎。"

在市场经济高度发展的当今社会，很多父母都在为生存、为活得更好而奔忙，毕竟"财"为养命之源。吃穿住行需要钱，生病住院需要钱，孩子上学需要钱，提高生活质量、追求完美生活更需要钱。有的父母常把这样的话挂嘴边："什么都可以没有，就是不能没有钱！""没钱，你小子吃什么。"

为人父母想方设法去挣钱，是可以理解的，靠自己的合法劳动致富也是值得提倡和鼓励的。但人活一世，不应该只是为了钱财而活，人不能成为钱财的奴隶。君子爱财取之有道，"道"就是规矩，坑、蒙、拐、骗、偷盗、抢劫，贪污、受贿得来的钱都属于不义之财，都不能取，捡到的钱财不属于自己也不能要；君子爱财取之有度，"度"就是绝不能过分贪财，也就是说君子爱财要取之有度，这就要求我们必须节制个人欲望。

就算拥有很多钱，你就会幸福吗？不见得吧。有的人追求的是钱够生活就好，太多的钱反而会成为一种罪恶，一种负担；有的人则追求财富的无限化，哪怕是"路有冻死骨"也无动于衷；还有些人虽腰缠万贯，但生活却一点都不惬意，不仅工作要动脑，还要陪各色人等交际应酬，结果：肚子大了，头发没了，身体垮了，家也散了，孩子犯事了……所以说，把自己的贪念保持在适当、健康和能够自控的范围之内，这是非常需要加强个人修养的行为。

对！天下父母一定要告诉孩子们：钱可以买到房屋，但买不到家；可以买到药物，但买不到健康；可以买到珠宝，但买不到美；可以买到伙伴，但买不到朋友；可以买到虚名，但买不到实学；可以买到权力，但买不到威望；可以买到"小人的心"，但买不到"君子的志"。

作为一名学贯中西的大家，钱钟书在生活中却有点"特立独行"。钱先生姓钱，他的一生似乎很少缺钱，但也没有发过财，应该说他是一位精神上的贵族。

困居上海孤岛的时候，他窘迫过一阵，他不得不辞退保姆，让夫人杨绛操持家务，所谓"卷袖围裙为口忙"。恰在这时，黄佐临导演上演了杨绛的四幕喜剧《称心如意》和五幕喜剧《弄假成真》，并及时支付了酬金，才使钱家渡过了难关。

钱钟书有一本《牛津大词典》，他平时查词典的时候经常在上面做一些批注，时间久了，一本大辞典写得密密麻麻。可以说，这本大辞典上的批注就是他的一部著作。牛津大学知道了这个消息之后，托人来找钱钟书，希望能够以重金求购出版，可是钱钟书不为所动。

英国一家知名出版社不知从什么渠道得知钱钟书有一部写满了批语的英文大辞典，他们专门派两个人远渡重洋，叩开钱府的门，出重金请求卖给他们，钱钟书拒绝了。与钱钟书签署了《围城》版权协约的美国好莱坞片商，多次盛邀钱钟书夫妇前往做客观光，监督影片制作，钱钟书都摇头婉拒。他说："我现在是中国式的硬木椅子，搁在那儿挺结实，搬搬就散架了。"

钱钟书成名之后，各种荣誉纷至沓来，各种名目的邀约也多起来。有一次，美国普林斯顿大学开价 16 万美元，邀他去讲学半年，不但食宿全包，而且可以偕夫人杨绛一同前往。

其实所谓的讲学，不过是每隔两个星期讲一节课，每节课 40 分钟而已，半年下来，总共也只有 12 次课。算下来，一节课有一万多美元的收入，在当时已经是高得离谱。但是钱钟书却拒绝了这个邀请。他明告对方说，那里的学生还没有达到一定的程度，自己即使过去讲课也不过是浪费时间而已，对方这才作罢。

凡进过钱钟书家的人，都不禁惊讶于他家陈设的朴素：沙发是用了多年的旧物，多年前的一个所谓书架，竟然是四块木板加一些红砖搭起来的。没有人知道钱钟书究竟看过多少书，因为他家里几乎没有书。据说犹太人认为把知识的财富装进脑子里比置办什么财产都划算、安全，钱钟书应该是把知识都装进脑子里了吧。

有一次，国内 18 家电视台要联合拍摄《当代中华文化名人录》，找到了钱钟书，并许以优厚酬金。这可谓名利双收，但钱钟书却不愿参与其中。他笑着对前来邀请的人说："我都姓了一辈子钱了，难道还迷信钱吗？"

钱钟书先生的话富有哲理，不要迷信钱。由此想到，一首泰安老顽童《做人莫贪财》，在这里节选部分抄送给大家，希望每个阅读本书的人都能从中有所领悟。

钱财好，钱财好，钱财人人离不了。世上人人都爱财，爱财没错无可怪。

君子爱财取有道，取之无道不能要。钱财理应汗水换，来路不正心不安。

······

自古多少贪财狂，富可敌国臭名扬。万里长城今犹在，不见当年秦始皇。

奉劝天下爱财人，爱财惜财莫贪财。贪财让你良心歪，贪财早晚把你害。

贪财是把无柄剑，要来要去终自残。鸟为食亡人为财，人死为财古难改。

······

人生在世啥最重？脸面人格和生命。贪财看似沾了光，实则心里不舒畅。

······

做人应该求坦荡，切莫贪财损形象。人生在世莫贪财，欢乐人生乐开怀！

俗话说得好，家财万贯，日不过三餐。孩子们要明白：钱财不过是身外之物，荣华富贵，原不过是过眼烟云，没必要没完没了。正如江泽民同志所说的："我们来到这个世界上，对名利钱财之类，生不带来，死不带去，总要多做些有益于国家、社会和人民的事，这才是人生价值的根本体现。"

其实不满足是人类的天性，不满足到手的钱财，不满足自己的地位，不满足周围的环境，不满足自己的品位……这并没有什么过错。不管是凡人还是圣人，都无法彻底根除自己不满足的心理，无法抑制自己要"更完美一点"的天性。

鲁迅说：不满是滚滚向上的车轮。所有事业成功的人物，都必须要有适当的企图心，适当的企图心可以成为一个人事业进步的助推器，也可以成为一个人获取幸福生活的原始动力。

可是我们要谨慎，不能让这个企图心过分膨胀，膨胀得甚至远远超出了我们的能力范围，这时候企图心和不满足感就变成了"贪念"。有了贪念是件可怕的事，这些贪婪的人无所顾忌，只要于自己所拥有的或未得到而要得到的有益处，不管利用什么手段他也要去赚取，哪怕失去自己宝贵的生命，这样也就再也没有幸福可言了。

　　人人都希望过上幸福快乐的生活，而孩子们从小就应该树立一个观念：幸福快乐只是一种感觉，与贫富无关，同内心相连。其实一个人的视力本有两种功能：一个是向外去，无限宽广地拓展世界；另一个是向内来，无限深刻地去发现内心。世人的眼睛往往看外界太多，看心灵太少，所以我们要让有着无限未来的孩子们懂得：莫贪外来财，多看自己心，只有这样才能真正过上心灵所需要的那种快乐生活。

第7讲

果敢——处事不可不决断

《钱氏家训》有言："处事不可不决断。"一个人的一生中有无数场合需要自己决断，大到要选择哪一位公主或者王子作为陪伴自己一生的爱侣，小到要在商贩的摊位前决定应该买西红柿还是买黄瓜作为自己晚餐的拌菜。无数个大大小小的决断影响了我们人生的走向，决定着我们未来是攀登上辉煌的巅峰还是在市井间碌碌一生。

伟大的英国诗人艾略特说："世上没有一个伟大的业绩是由事事都求稳操胜券的犹豫不决者创造的。"此言不虚，机会面前，果敢——只有果敢才是我们走向成功的彩虹之桥。

我们经常见到这样的人：他们一次次面临了成功的机会，却又一次次与成功擦肩而过。这些人在多数人眼里很优秀，能力也丝毫不比别人差，他们之所以一直一事无成，就是因为缺乏敢于决断的勇气。

在机会面前，左顾右盼、思前想后的犹豫是要不得的。绝佳的机会绝不会主动跳到你的怀里去，如果你缺乏果断的气质，终将错失天赐的良机。而那些成就大事者，则往往能够在机会面前果断出动，争取先机。

三国时期，袁绍与曹操争霸，官渡之战前，大家都认为袁绍手下谋士极多，不可小觑，只有曹操看得清楚，说袁绍"好谋寡断"，成不了大器。果然，在此后的战争中，袁绍的谋士各出奇计，这些计策中的任何一个结合袁绍的实力都不难取胜，可是觉得任何一个计策都好的袁绍却没有选择任何一个，只是一拖再拖，终于被曹操打败。袁绍之败，与其"寡断"的性格是大有关系的。

果断的素质如此重要，即使是在儿童阶段也能展现出非凡的魅力。一些孩子常表现出犹豫不决的个性，既想要这个又想要那个，既觉得这个好，又认为那个也不差，这样的孩子多缺乏独立性，他们遇事总喜欢依赖别人，让别人帮自己拿主意。所以当遇到需要自己拿主意的事情的时候，就显得左右为难，不知道该怎么办好了，这样的情形要引起父母的足够重视。

一个孩子如果没有决断力，做任何事情都优柔寡断，那么他就很难抓住人生的好机会，即使为他提供再好的条件，也免不了处处落败的命运。所以，每一位父母都愿意自己的孩子拥有这一成功路上的制胜法宝——决断力。

说起这世界上的事情，恐怕没有什么会比政治领域更加复杂了，而牵涉很多国家的国际关系问题，就更是风云变幻。要在纷繁的国际事务中应付自如，没有非凡的决断力显然是不可想象的。

钱其琛作为在国际舞台上具有巨大影响力的外交家，他在担任我国外交部长的十年间，更是以其果敢的性格给很多人留下了无比深刻的印象。

1990 年 8 月 2 日，伊拉克大举入侵邻国科威特，第一次海湾危机就此爆发。海湾地区一直都是战略要地，这次变故瞬间牵动了全世界的神经。美国作为利益的直接相关者，也于第一时间向海湾地区调兵遣将，这使得本就动荡的海湾局势更加危急。

为了使自己的行动"名正言顺"，美国积极策划联合国安理会授权它对伊拉克动武，这样一来，一贯坚持以和平方式解决国际争端的中国就成了美国的"心腹之患"。

在前一年，美国因为一次政治风波对中国进行了所谓的"制裁"。"制裁"虽然给中国的经济造成了一定的困难，但美国自己则遭受了更大的损失。为此，美国已经暗地里决定重新和中国恢复邦交正常化。美国国务卿贝克打算趁消息尚未公布，做一笔稳赚不赔的买卖。

贝克打电话给时任我国外交部长的钱其琛，希望中国在即将进行的投票中投赞成票，而作为"回报"，事后美国将邀请钱其琛正式访问华盛顿，并暗示届时美国可能解除对华"制裁"。

不少人觉得这是中美修好的大好时机，倾向于赞同贝克的提议，可是钱其琛却力排众议。他向大家分析说：经过一年的对华"制裁"，相信美国恢复中美邦交正常化的愿望比中国更加强烈，美国绝对不会针对这次投票问题进一步得罪中国。

按照钱其琛的建议，中国在随后举行的授权提案表决中，按照自己一贯的外交方针投了弃权票。而如钱其琛所料，这一事件也并未影响美国对他前往华盛顿的邀请。在双方有识之士的努力下，布什总统甚至还亲自会晤了钱其琛。就这样，钱其琛以其果敢的决断能力为我国在这次外交活动中赢得了胜利。

另一位钱氏族人钱学森是享誉世界的科学家，他也是一位以果敢、决断闻名的人。

1935 年 8 月，钱学森抵达美国后，进入麻省理工学院攻读航空工程。麻省是世界级的理工名校，凡是进入那里的，都不是等闲之辈。当时的中国在世界上还很落后，当得知钱学森来自中国之后，有几个学生就故意当着他的面大谈中国是如何如何落后，中国人又是如何如何愚昧。

钱学森立刻站起来，大声说："中国现在是比你们美国落后，但作为个人，咱们人比人，你们谁敢和我比试？"他果敢的态度让周围的学生吃了一惊，结果没有人敢应战。

钱学森用自己的实际行动证明了自己的勇气：他在航空系待了不到一年，就完成了硕士论文并顺利通过答辩。1936 年 8 月，钱学森研究生毕业之后，准备前往另一所世界名校——加州理工学院读博。

他很仰慕加州理工学院航空系的主任冯·卡门先生，可是冯·卡门却与他素不相识，既然无人引荐，钱学森果断决定干脆毛遂自荐。1936 年 10 月，钱学森与冯·卡门在加州理工会面。钱学森没有讲自己对冯·卡门的敬佩之心，而是讲航空、航天，那架势仿佛不是为了拜师，而是为了向他描绘共同奋斗的前景。

冯·卡门被他的远见、渊博和果敢打动，当场破格录取他为博士研究生。

钱学森的果敢源自于其强烈的自尊心和自信心，来源于其对未来的坚定信念。而外交场上的钱其琛之所以作出不按美国安排的步子走、坚持投弃权票的决断，也并不是毫无理由的武断，正是因为他对美国的意图有着准确而合理的判断，所以才能够作出与众不同但绝对正确的决断。如果缺乏这一基础随意下决断，那么所作出的决定很可能就会变为一次颜面无存的失败。可见，想要做到果断并不是件容易的事。

果断的性格之所以宝贵，是因为它是一种认清环境的清醒意识，是一种审时度势的美丽突破，而不是盲目自信的随意选择。

果断是眼力和魄力的凝聚，先要看得准，看准了之后还要下得了决心，有识无胆成不了事，有胆无识成坏事，既要能够见微知著、叶落知秋，又要敢于雷厉风行、当机立断，两者结合，才是名副其实的果断。

而武断则是一种愚蠢的霸道，折射出的是刚愎自用、我行我素。如果用比喻来说明，那么果断是洒在人身上暖洋洋的阳光，而武断则是洒在人心头阴冷冷的月光。

果断是一种精明的做法。在生活中，在危难下，在公正里，果断是必不可少的。它带给人们益处，有时甚至能力挽狂澜于将倾，是受人称赞的。而武断是人们一提到就讨厌的，形容那些胆大妄为的人充英雄，结果却一发不可收拾。

我们要学前者，不可学习后者，在一念之差中分辨出两者的好坏，做该做的，学该学的，我们的判断须正确，不能理喻错误的一面。

作为父母，要想培养孩子的决断力，不妨把这种教育落实到生活细节中，随时询问自己的孩子，要求孩子对事情做出反应，这是很有效的训练方法。

当然，培养孩子坚持自己的看法、果断决策的同时，还要让孩子学会接受好的建议。否则的话，孩子的判断力就很容易出现偏差，而这种情况下做出的决断与"果敢"是丝毫不沾边儿的，做出的决定越多，孩子偏离成功的航线当然也就越远了。

让孩子拥有果断的法宝，不是一味地要求孩子迅速决策、越快越好，这样的急躁心理往往适得其反，反而更容易使孩子出现偏差。要教会孩子明了这个事实：果断需要准确判断和符合实际的措施，它来自于平时的学习和积累，来自于实践的磨炼和检验。

第8讲

仁厚——存心不可不宽厚

《钱氏家训》有言："存心不可不宽厚。"仁厚是做人的一种美德和处理人际关系的重要原则，也是提升做人文化品格与精神境界的范式。也可以说，仁厚是一门艺术、一种智慧、一种信仰和一种境界。一个社会文明程度的标志之一取决于它的社会仁厚度，反之，社会的仁厚度可以折射社会的文明程度。从某种意义上说，仁厚就是衡量社会文明程度的标尺。

儒家历来讲究仁厚的道德，《论语·雍也》说："知者乐水，仁者乐山；知者动，仁者静；知者乐，仁者寿。"《中庸·明道》有"柔以教，不报无道"的古训。作为西方文化代表的《圣经》中也有如下的句子：如果你的敌人饿了，给他东西吃，如果他渴了，给他水喝。可见，仁厚的精神是中西方共同的价值追求。

宽容待人是一种美德，也是一种思想修养，更是人生的真谛。你能容人，别人才能容你，这是生活的辩证法则。怀一颗真诚的心善待别人、宽容别人，就会成为一个具有仁厚品德的人。

我们生活在社会群体中，难免要面对进退得失，面对与人交往时的磕磕碰碰。进退得失之际如何选择，磕磕碰碰之时怎样处理，仁厚和宽容的态度是最恰当的选择。古今很多事实反复证明，凡是在事业上建功立业取得成就并为后人所称道的，绝非那些胸襟狭隘、小肚鸡肠的人，而是那些襟怀坦荡、豁达大度的人。

"合抱之木，生于毫末，九层之台，起于累土。"一个人要想具有仁厚的品德，就应该从小注意培养。现在的独生子女很多，他们都是家里的宝贝，在学校稍微受一点"欺负"，很多父母往往就心疼得不得了。他们喜欢这样教导孩子："别人对不起你，你就对不起他；别人打你，你就打他。"这样的教育显然是错误的，会严重影响孩子以后的人生观及处世态度。

父母们应当教孩子学会宽容，这不仅是为了孩子今天能处理好同学关系，也是为了孩子将来的幸福打基础。

钱玄同先生是我国现代著名的语言学家，五四新文化运动时期，他的名声在新文化界如雷贯耳。由于时代关系，"五四"一代人的身上通常都有为人所诟责的毛病：偏激，好走极端，非此即彼。然而，这些毛病在钱玄同的身上却几乎找不到。

当时的很多人认为，鉴于旧势力的强大，新文化要想在中国社会上站住脚，就必须"偏激"，可钱玄同却不那么认为。1922年，他在写给周作人的信中表达了这种主张宽容的思想，认为即使盲目崇拜旧孔教、旧文学的人，也大可以"听其自由"，并表示自己也是个"中外古今派"。这种兼容并蓄、"有容乃大"的宽容精神对当时的学界影响很大。

钱玄同曾经在北大讲授音韵学。他思维敏捷，风趣诙谐，讲的课深受学生们的欢迎，大家对这样一位学识渊博的先生也很敬重。有一次，钱玄同讲授广东音韵课程，听讲的有位叫李锡予的广东籍学生。李锡予发现钱玄同讲授的内容有一点小小的错误，有心想要指出，却又惧惮于先生的权威，于是踌躇再三之后，决定用写信的方式告知。

信寄出之后，李锡予一直忐忑不安，生怕惹恼了先生。没想到几天后又上课时，钱玄同竟然当众宣读了他的来信，坦承自己的错误，承认自己不是广东人，对广东音韵确实是不甚了解。同时他还表扬了李锡予，希望大家都能够独立思考，对他讲课中的不当之处，多多提出批评与纠正。

钱玄同作为语言学的大师，却一点架子也没有，面对学生较真儿的时候非但没有恼羞成怒，反而不耻下问，这种宽厚的仁者风范获得了大家的交口称赞。

除了学术上的宽容之外，钱玄同在对人对事上也表现出了宽厚的仁者风范，对人胸怀一片仁爱仁厚仁慈之心。钱玄同常称呼他的孩子们叫"世兄"。他很爱他的"世兄"，他的"小世兄"初入小学时，他在外常要打电话到家里问问，知道没有事，他才放心。儿子成人之后，在婚姻大事上，他更是秉持宽容的一贯态度，任凭儿子选择自己中意的伴侣，绝不横加干涉。

另一位文化巨人鲁迅是大家公认的很难交往的人，可是钱玄同却在相当长的一段时间内与他保持着密切的关系。纵使偶有不快，钱玄同也总能够以宽厚待人的态度来应对，很快就使双方的小龃龉冰释了。两人相处甚欢，而鲁迅的惊世名作《狂人日记》就是在钱玄同的"催逼"下写就的。

学术上的宽容仁厚使钱玄同获得了更加丰富的学识，生活里的宽容仁厚使钱玄同获得了无数的朋友、和谐的人际关系，钱玄同自然而然也成了受益者。钱玄同的待人观告诉世人：一个人的仁厚释放得越多，就越容易获得尊重，在众人的拥戴下取得成功。

在对人对事的态度上采取什么样的行为方式，结果是大不一样的。仁厚大气能够化解矛盾、冰释前嫌，能够凝聚人心、鼓舞斗志，甚至能够化敌为友、壮大自我；而斤斤计较则只能作茧自缚，最后使自己陷于四面楚歌、寸步难行的境地。一个人越是仁厚待人，别人就越尊重他、爱戴他、拥护他，他就越容易获得别人的理解与支持。可见，宽容仁厚不仅是一种气度、是一种雅量，更是一种聪明的大智慧。

2011年4月，温家宝在下榻的酒店会见马来西亚华人华侨的时候，用"人有我恩，永不相忘"来形容当年马来西亚对中国的帮助。他说，这句话还有后半句，就是"我与人恩，一定相忘"。温总理所展示的这种仁厚态度既是人格，也是国格。无论是一个人、一个群体还是一个国家，这种宽厚待人的胸怀都可以凝聚人心，产生无穷的力量。

法国作家雨果说："世上最宽阔的是海洋，比海洋还宽阔的是天空，比天空更宽阔的是人的心灵。"孩子是成为宽容大度的人，还是成为心胸狭隘的人，都取决于父母的教育方式。为了孩子将来能够有一颗健康的心灵，父母们应当教导孩子从小就学会宽容。

父母该做些什么呢？其实很简单。要以身作则，为孩子树立榜样；要教孩子学会推己及人，换位思考；要教会孩子理解他人，明白每个人都并非完美无缺；要让孩子多与同伴交往，在交往中学会应变与纳新。

在教导孩子宽容仁厚的时候，父母必须同时也让孩子明白宽容与纵容的不同、仁厚与怯弱的区别。

宽容是对一个人的错行有所忏悔时原谅他，而纵容则是当一个人犯错却丝毫没有悔过之心的时候原谅他，甚至于放弃应有的原则一而再、再而三地放任他的错误，这两者是有很大区别的。

孩子的宽容之心、仁厚之心不可或缺，但是这种态度在面对别人故意侵犯时，还要敢于拿出勇气、针锋相对，敢于扬正气、压邪气，否则的话，就会变成没有原则的"老好人"，最后成为备受欺负的"受气包""出气筒"，这是任何一位父母都不愿意看到的。

宽容之心并非与生俱来，父母在教育孩子的过程中，不断地融入自己的爱，才能换来孩子一颗真正的宽容之心。

第9讲

思考——尽前行者地步窄

《钱氏家训》有言："尽前行者地步窄。"意思是说，不假思索、一味前进的态度是不可取的，这样的结果只能是让自己的道路越走越窄。这句话告诉我们一个很浅显但又非常重要的道理，那就是思考非常重要。每一个孩子也必须认识到思考的重要意义，只有在前进的过程中不断思考，成功的道路才能越走越宽敞。

思考到底有多重要呢？著名数学家、哲学家笛卡儿的一句名言可以说明这个问题，笛卡儿说："我思故我在。"在他看来，只有思考，才是一个人存在的证据，思考的重要性也就可想而知了。在我国古代，人们很早就开始重视思考的价值。

大教育家、思想家孔子在谈及学习的时候这样说："学而不思则罔，思而不学则殆。"只知道学习却不知道思考，那么就会问题越来越多，人也将感到越来越迷惑。事实上，不光学习如此，做任何事情都是如此。如果没有思考的习惯，那做任何事情都只能是无意义的重复。

人善于思考其实就是善于提出疑问，也就是要学会提问题，学会问"为什么"。蒸汽机的发明者瓦特看到烧开了水的壶盖被热气顶开的情景，坚持要问"为什么"，他不断思考，终于有了划时代的发明；科学家牛顿看到苹果落地这一司空见惯的现象，也坚持问"为什么"，终于提出了牛顿三大定律。如果没有思考，我们现在或许还正生活在茹毛饮血的远古时代。

人生是一趟长长的旅程，每个人都在或快或慢地走向终点。而在这趟旅途中，如果不假思索，一味向前，我们走尽人生之路的时候，留下的只能是两手空空。

现代人不少都是标准的"快"活族。他们拼命加快生活的节奏，开车开得速度很快，吃饭时生怕多花哪怕是一分钟的时间，他们想当然地认为，自己做过的事情越多，自己的积累就越丰厚，得到的回报也就越多。他们害怕面对那些慢节奏的人和事，看到有人停在那里好像没有做事情，就急得跳脚。

他们不断地往前走，却不会停下来思考片刻，这几乎成了一种通病。

实际上，一个人能否成功，关键还在于思考。成功人士始终用最积极的思考来总结经验和教训，为自己以后做事提供借鉴和帮助，不断提高效率；而很多失败者看似忙忙碌碌，实际上却是只"没头苍蝇"，只会蛮干，最终却一无所获。

父母要懂得思考对于孩子的重要性，一个不会思考、只知道一味蛮干的孩子是不会有大成就的。敏锐的思维不会从天上掉下来，需要父母对孩子进行严格的训练和培养。许多父母以为聪明的孩子与生俱来就思维敏锐，其实不然，实际上，很多自恃聪明的孩子反而不喜欢思考。这样时间久了，大脑就会像生锈的机器，只能转动得越来越慢。

孩子们应该知道：经一事长一智，对你经历的事情进行简单的思考，不会浪费太多的时间，却可以为你以后做事提供借鉴。从现在起，就请养成思考的好习惯吧。

钱伟长是中国近代力学之父，他曾经的求学经历可以说是勤于思考的典范。

钱伟长中学毕业之后，先后报考了五个大学。他的几次考试中，历史和语文的成绩很好，可是其他科目却都是二三十分。后来，他凭借优异的语文成绩被清华大学语文系录取。

进入清华大学之后，恰逢日军侵占东三省。钱伟长觉得读文不能救国，于是就想改系转念物理，并找物理系主任吴有训教授商量。吴教授看他入学时候的物理成绩差，又考虑到物理系的淘汰率较高，就建议他继续在原专业就读，可是钱伟长却不依。

后来，在钱伟长的软磨硬泡之下，吴有训才勉强答应，不过却立下了条件，他对钱伟长说："你的热情我同情，但是你的成绩太差。想来物理系有个条件，第一年的大学普通物理、微积分、普通化学，三门课都要过70分。"

为了能尽快赶上进度，他拼命地补习中学的物理、化学、数学知识。他用自己学语文时行之有效的办法来学数理化，不管是元素周期表还是公式，全部都背得滚瓜烂熟。这一年里，钱伟长几乎是拼了命地学习。他一天顶多睡五个小时，早晨六点起床，晚上十点宿舍熄灯之后，他还要到厕所里学习到十二点。

可是，勤奋和刻苦并没有换来应有的回报。清华大学每门课每星期一定有15分钟的小考，结果每次考试钱伟长都考得一塌糊涂。由于学习太刻苦，他甚至一度得了神经衰弱。

为什么自己差不多是整个清华大学最用功的学生，可是成绩却不见提高呢？钱伟长迷惑了。他花了很长时间思考，发觉症结可能是在自己的学习方法上。他就此请教了同学，同学明确告诉他说："你不能这样学，死背是没有用的。你得弄懂它，不要背，懂了就行了，懂了是不会忘的，你不懂的背下，不用三天就忘了。"

钱伟长明白了学习方法的问题所在，及时调整自己的学习方法，寻找数理化学习的规律。凭借他的努力和天资聪颖的禀赋，一年过去后，他的成绩达到了吴有训的标准，如愿以偿进入了物理系。

吴有训的授课方法也对钱伟长有很大影响，他的基本思路是要学生学会思考而不是死记硬背，这影响和改变了钱伟长以后研究的方法。等大学毕业时，钱伟长已经成为物理系中成绩最好的学生之一。

或许也正是因为这一段经历，钱伟长在后来的科研和教育生涯中，对死记硬背的做法深恶痛绝。

20世纪80年代初，中国的高考刚刚恢复，教学还比较死板。钱伟长看到很多学生像科举时代的书呆子，只会背书过日子，就发表演讲说："这些背下来的东西有什么用呢？我说屁的用处也没有！在你们这些大学生里，有许多是高分考进大学的。可是进校以后，我们发现他们当中不少人是高分低能。因为大学的书太厚了，背不下来了。所以我说，孔夫子那句话'学而不思则罔'还是非常重要的，有现实意义的。"他这种重视思考的教学思路影响了大批学生，为新中国的科学界培养了大量人才。

钱伟长从文科转向理科的路子并不顺畅，他也经历过"求之不得"的苦恼。在付出了辛勤的汗水却没有回报时，他没有怨天尤人，也没有一条路走到黑，而是停下来认真思考自己先前做法的得失。正是这次思考，让钱伟长走进了物理系，走上了学术的康庄大道。这对他以后的教学和科研产生了深远的影响。

无独有偶，另一位物理学家卢瑟福有一次问他的学生："你今天上午准备做什么？"学生回答："做实验。""下午呢？""做实验。""晚上做什么？"学生仍旧回答："做实验。"卢瑟福忧心忡忡地问道："你整天都做实验，那么你用什么时间进行思考呢？"

温家宝总理在一次和青年人会面时，要求大家要"靠独立思考了解真相"。国际著名数学家、哈佛大学教授、浙江大学数学中心名誉主任丘成桐，早些时候也曾在《人民日报》发表了《多思考比会考试更重要》的文章。

是啊！不思考，只知道埋头瞎干的人，怎么可能有收获呢？要想获得成功的果实，必须要学会停下来进行思考。不善于思考就不能汇总人生的经验，就不能发现问题，也就谈不上有更多的想象和创造了。

思考是创造力生根发芽的土壤，给社会进步、行业发展带来推陈出新的可持续发展。古今中外，凡是有成就者，多数都具有卓越的思考能力。

学会思考、独立思考对孩子来说当然也具有显而易见的意义。可是，遗憾的是，在现在一些学校应试教育的"训练"下，很多孩子都失去了思考的能力。孩子的大脑成了"知识容器"，课堂成了"满堂灌"。他们多成了"考生",成了"知识掌握者",而不是"思想者"。长此下去,孩子们只会成为逆来顺受的"思维呆子"。

在这个过程中,一些家长也有意无意地成了"帮凶"。很多父母喜欢帮孩子想问题、做决定,这对孩子的思考能力来说更是莫大的损害。

西方的教育很重视对孩子思考能力的培养,美国的"西屋科技奖"专门面向高中生,就是注重挖掘其思考能力的。据统计,"西屋科技奖"得主中有 5 位后来成为诺贝尔科学奖获得者,27 人当选为美国科学院院士。

请父母重视对孩子思考力的培养。要为他们创造勤于思考的家庭环境,多向孩子提问题,多帮助孩子发现问题。父母要经常创造动脑筋的氛围,拓宽孩子的视野和知识面,鼓励孩子多想、多问、多实践,这样,才会更好地开发孩子的智力,让他们喜欢上思考问题。

孩子们,请一定要记住:"我思考,我存在""我思考,我进步"。只有善于思考,使自己的思考力张扬起来,挺拔起来,你们才能在成功的道路上走得更远。

第 10 讲

视野——向后看者眼界宽

《钱氏家训》有言:"向后看者眼界宽。"这句话的意思是说人在前进的过程中要不断地回顾过去,在回顾过去的基础上展望未来,只有这样才能具有广阔的视野。孩子们也要明白:拥有广阔的视野很重要,视野太狭窄,境界就不广,魄力就不够,取得的成就也就很有限了。

开弓没有回头箭,人生没有回头路。人生走过了就过了,失去的永远失去,能够把握的只有今天。有些人喜欢一步三回头地观望:在和朋友争吵之后向后看,后悔当时的冲动;在亲人去世后向后看,懊恼为什么当初没有好好珍惜我们在一起的时光……

诚然,向后看的时候我们会发现很多的错误,我们会知道朋友之间要以礼相待,明白与家人在一起的难能可贵,懂得时光如流水一去不复返。可是如果一味沉湎于对过去光阴的回忆之中,而忘记了前进的意义,那就是愚蠢的行为。

中国有悠久的历史,可是也正因为此,很多时候中国人背负了更多的历史包袱。虽然古往今来,时过境迁,但直到今天还有不少人沉溺于思古之幽情,他们总念念不忘"四大发明",乐此不疲地搜集各式各样的"世界第一":足球起源于中国,中国人最早踏上北极,我们比哥伦布更早发现美洲大陆,比麦哲伦早一百年便绕行世界一周,也比英国的库克更早到达澳洲。这种思想可以说相当普遍,我们中的大多数就有这种思想。

其实,在回顾过去的过程中,我们得到了民族自豪感和自信心,这是好事,可是更应当从中总结出成功的经验和走向近代之后落后的教训，这样才能为我们未来的发展提供动力和保障。

做人向后看，则提醒我们一定要常怀谦卑之念，夯实诸事基础，从而使理想更加接近现实。向前看，强调的是一份坚守的理想和执著的决心，强调的是对经验和教训的总结。向前看是动力，向后看是保障。

只有认真总结过去，才能更好地面对未来。但是人生没有回头路可走，尽管路途崎岖，前进才是唯一。不论过去如何，我们要坦然地向前看。

一些父母在教育自己孩子的时候，本身就缺乏开阔的视野，总是纠结于孩子某次考试的成绩，纠结于孩子的某一次成功或者某一次失败。孩子的一次小测验成绩好了，父母就沾沾自喜好半天，四处宣扬；一次考试的成绩差了，又要不停地责备，不断地质问。这种做法不但给孩子造成莫大的心理压力，而且对孩子视野的开阔也没有丝毫益处。

父母们应当自己放宽心，帮助孩子放宽心，让他们开阔自己的视野，放开眼光向前看，展开双臂迎接明天！

"钱学森"这三个字，在中国不仅是一位科学家的名字，同时也几乎是对这个词的诠释。

钱学森从 44 岁回国到 98 岁去世，经历了半个多世纪的风雨历程。他的科学成就备受瞩目，同时也得到了历届国家领导人的尊崇。因此，在中国，对钱学森的尊重，几乎就象征着对知识、对科学的崇尚。

钱学森一生中所进行的研究，多数都处于科学的最前沿，他回国后的很多研究成果和大胆构思，更是为相关领域建立了开创性的功绩。不断创新，不断展望，面向未来，这可以说是钱学森一生的追求。

钱学森的主要功绩在导弹、卫星、空气动力学、航空工程学方面，他凭借自己卓越的学识，凭借一颗爱国之心，创建和领导中国的航天事业，让中国能够发射自己制造的导弹，把卫星送上天，从一个处在冷战时期的落后国家，到迅速拥有了强大防御能力的国家。

人们将大多数目光都集中在钱学森对导弹、卫星等的贡献上，而实际上，钱学森是一位文、理、工结合型的"全能"

科学家。

钱学森归国后，我国的"工程控制论"很快就建立了健全的人才培养、理论研究和工程应用体系，为以后中国现代高科技事业的迅速发展提供了科学支持。

在涉足多个门类、在各个门类都取得了较多成果的基础上，钱学森触类旁通，于20世纪80年代初，把对工程控制论的理论探索和组织指挥"两弹一星"等重大科研工程的实践相结合，提出了由系统工程、系统学、开放的复杂巨系统等理论组成的"系统科学"思想，开始了一场对不同领域的科学技术问题的全面解读，这一理论具有相当大的前瞻意义。

钱学森的"系统科学观"总能被应用到不同领域而推出新的理论，比如一位叫张沁文的年轻学者就在这个理论的指导下提出了农业系统工程的理论，用以分析我国农业发展存在的问题和解决对策。

另外，1958年3月1日，钱学森还在《人民日报》上发表了一篇题为《不到园林，怎知春色如许——谈园林学》的文章。这篇文章虽然不长，但是却开辟了一个新的领域，被视为钱学森对建筑与城市研究的肇始。30年后，他提出建设"山水城市"的概念，认为"山水城市的设想是中外文化的有机结合，是城市园林与城市森林的结合"，这一点与现在建设环境友好型社会的提法有相当多的相似之处。

钱学森着迷于用他从航天技术的实践中提炼出来的系统的科学的方法去解读社会和自然科学领域形形色色的问题。他在多个领域都取得了开创性的成就，即使到了九十多岁的高龄，他依旧以"向后看"的眼光关注着中国的未来。

2007年8月3日，国务院总理温家宝看望钱学森。钱学森面向未来提出了两条意见，其中重要的一条就是"教育要把科学技术和文学艺术结合起来"。他说："处理好科学和艺术的关系，就能够创新，中国人就一定能赛过外国人。"对目前我国的教育来说，钱学森的这一观点无疑具有很大的指导意义。

温总理也感慨地回答说："您讲的话我都记住了。您这次讲得比上次又要深一些。我们要超过发达国家，就要在科学和艺术的结合上下夫夫。只要坚持下去，一年看不出效果，几年后总会有效果。"

西方有一句谚语："谁不看前面就会落后。"这句话不是偶然蹦出的灵光，而是被西方的历史进程所证明的。西方文化在古希腊、罗马文明之后经历了中世纪的停滞，从 15 世纪文艺复兴开始，进入了创新的时代，涌现出了大量具有开阔视野的文化和科学巨匠，他们放眼未来、走向世界，追求进步和发展，让西方走在了世界的前列。

西方大国的崛起之路通过一幅气势磅礴的历史画卷给我们展示了"向前看"和"向后看"的辩证关系。"谁不看前面就会落后"，对一个国家、一个民族来说是如此，对社会上每个人来说也是一样。

我们只有把自己的思想从过去解放出来，开阔视野，才能不断走向前进。思想的视野需要拓宽，要敢于海纳百川，包容天下，去粗取精，激浊扬清；工作的视野需要拓宽，要善于学习优良传统，善于借鉴先进经验，博采众长，多多创造；人才的视野需要拓宽，不拘一格，广纳人才，以开放的眼光选人用人。

作为父母，更应该趁孩子年纪尚小的时候，及早地培养孩子宽阔的视野，让他们积累生活经验、发展生活能力和学习适应社会的能力。

现在的孩子大多是独生子女，生活范围狭窄，而且爸爸妈妈包办代替的事情太多，不放心让孩子单独行动，这就造成了孩子视野狭窄，知识贫乏。因此，父母要注意利用星期天、节假日等一切可以利用的机会，带孩子去参观、去游览，随时进行教育。同时，还要重视读书等手段的价值，利用电视机、网络等，让孩子来了解有关的社会常识，扩大孩子的知识面。

孩子们要明白："向后看"不是目的，而是途径，生活必须向前，我们的眼睛，始终必须"向前看"。人生就该这样：向后看，吸取经验教训；向前看，步入灿烂辉煌！不是每个人都有幸福生活的权利，但是每个人都有追求幸福生活的权利。只要能认真"向后看"并坚定"向前看"，开阔视野，每个人都有追求到幸福生活的可能！

第 11 讲

能耐——花繁柳密处拨得开，方见手段

《钱氏家训》有言："花繁柳密处拨得开，方见手段。"这句话主要强调的是人的才干。

才干，"才"是指文化知识，主要是理论知识；"干"是指能力，主要是指自己的实践能力。这里所谓的"实践能力"包含的范围很广，可以是适应社会的能力，适应家庭的能力，适应生活的能力，适应工作的能力，差不多可以说是包罗万象。

才干通常是对一个人的基本评价，往往是连在一起的。在工作中，一个人能够独立处理好自己的工作，甚至能处理好别人无法处理好的工作任务，或者问题，我们称他为很有才干。

有才干的人其实可以分为四种类型：第一种是"一"字形人才，这种人才的知识面比较宽泛，涉猎的范围比较广，但是对每一门都缺乏深入的研究，在工作过程中缺乏创新意识，没有创新业绩；第二种是"1"字形人才，这种人才和第一种人才相比，走向了另一端，即在某一项专业领域研究比较深，但知识面比较狭窄，很难将各种知识融会贯通，进行创造性的研究；第三种是"T"字形人才，这种人才包含了上两种人才的优点，不但知识面比较宽，而且在某一领域还有比较深入的研究，但他们也有自己的缺点，那就是不能冒尖，没有较大的创新业绩。最受欢迎也最受青睐的是第四种所谓"十"字形的人才，这种类型的人才是"T"字形人才的"强化版"，他们既有较宽的知识面，又在某些领域有比较深入的研究，更为重要的是，他们敢于冒尖、敢于出头、敢于创新。遇大事不乱，遭逢复杂问题时不会慌了手脚，能够井井

有条地妥善处理，所谓"花繁柳密处拨得开"就是指这一类人。

现在的社会竞争激烈，每一个家长都渴望自己的孩子成为无所不能的"全能"孩子，希望他们对什么都有涉猎，在什么方面都强，这样就可以在未来的竞争中立于不败之地。事实上，孩子们的学习，目的也是为了增长自己的才干，以便将来自己更有前途。

但很多父母在把孩子训练成"全能儿童"的时候却走向了极端。为了迎合家长们的意愿，社会上的各种培训班多如牛毛，除了传统的英语、绘画、书法、奥数等培训外，现在拉丁舞、击剑、跆拳道等项目的培训班也大行其是。还有一些以"拓展训练""全能少年"为主题词的特色夏令营也异军突起。一些父母盲目投入，不惜花大量的钱财和精力把孩子往这些培训班里送，可往往收效甚微。

其实，让孩子成长为全能型的、有能耐的"十"字形孩子，并不是没有可能，但需要一步一个脚印地成长，妄图一口吃成胖子，让孩子小小年纪就什么都拿得起放得下，最终只会毁灭孩子美好的童年，害了孩子。

1965 年，中央专门委员会召开了两次会议，原则批准了我国第一颗人造卫星的规划方案。因为这项建议是钱学森1965 年 1 月提出的，所以，这个工程的代号为"651 工程"。

计划刚刚确定下来不久，"文化大革命"就开始了。知识分子云集的中国科学院首当其冲，秩序完全被破坏。为了保证卫星工程的顺利进行，中央专委只好将卫星研制任务改由国防科委全面负责。1968 年，参与工程的钱学森担任"星——箭——地面系统"三大方面总的技术协调和组织实施工作，倍感肩上担子的沉重。

随着"文化大革命"的发展，形势越来越恶化。

在运载火箭方面，钱学森提出了一个更为快捷的实施方案，可以大大缩短研制时间和人力物力。可是由于一些领导干部和老专家被打倒，派性斗争十分激烈，结果导致钱学森的方案也不能成功实施。

1968 年 2 月 8 日，国防科委召开"651 工程"会议，会议决定各单位召开"抓革命，促生产"动员大会，要钱学森做动员工作。在动员大会上，他刚一开始讲话，就有一个"造反派"站起来打断他的讲话，蛮不讲理地说："你们名义上说抓革命，促生产，实际上是以生产压革命，阻止我们对聂荣臻的批判。"

面对这一发难，钱学森沉着冷静地提高嗓门说："我今天是受毛主席、周总理委派来召开这个大会的。'651工程'是毛主席亲自批准的，这是他老人家对我们的最大信任、最大的鼓励，也是最大的鞭策。我们不能辜负毛主席的期望。两派一定要联合起来，抢时间，保质、保量完成'东风－4号'和'长征－1号'的任务。谁要是在这个问题上闹派性，影响了卫星上天，那就是政治问题，是对毛主席的不忠。"

他抓住适当的时机，把毛主席的批示拿出来作为有效的反击武器，终于让造反派无话可说了，动员大会也得以顺利进行。

6月下旬，研究人员在进行滑行段晃动半实物仿真试验的时候，出现了晃动幅值达几十米的异常现象，大家震惊之余，也很沮丧，都有些怀疑先前工作的正确性。这时候，钱学森站出来，用翔实的论述安定了人心。

经过艰苦的工作，1970年元月，"东风－4号"发射成功。至此，第一颗人造卫星的运载火箭问题基本解决。

在"文化大革命"期间，钱学森受命于危难之际，出任空间技术研究所的所长。第一颗人造卫星在一定意义上是一颗"政治卫星"，周总理也多次要求，要过细地工作，做到万无一失，所以钱学森压力尤其大。他多次召集工作人员开会讨论，听取汇报，不厌其烦地将每次汇报中所反映的大大小小所有问题都一一详细记录下来，落实解决，确保万无一失。

1970年4月24日，我国第一颗人造卫星发射成功，这颗卫星向全世界播送的《东方红》乐曲，宣告新中国迎来了航天时代的黎明。

"文化大革命"的十年，政治形势十分严峻，各方面的秩序非常混乱，一些科学家和知识分子被打倒，有些甚至还丧失了继续从事研究的能力，科研队伍的力量受到了相当大的削弱。但是，就是在这样的艰苦环境之下，钱学森以己之力，竭尽所能，保障了科研工作的安全运行。其"花繁柳密处拨得开"的能耐实在让人佩服。

而今，有能耐、才能卓越、发展全面的复合型人才已成为我国企业领域最稀缺的人才资源，是企业争夺人才的焦点。可以预测，随着社会竞争的进一步加剧，拥有复合型技能的人群将获得更多的发展机会。对于整个中国来说，我们也将逐步进入复合型人才竞争时代，复合型人才也将拥有更为深入的发展机会。

对于成年人来说，要想成为有能耐的全能人才，就需要不但在某个专业领域有一定的研究深度，知识面也要有一定的宽度。要成为这样的人才不容易，需要多方面的学习和长期的实践积累：需要不仅关注自身工作，更要关注行业发展；需要积极累积本职业相关知识技能；需要深化发展自己的兴趣爱好，更需要有国际化视野和意识，不能墨守成规。

成长中的小孩就像是一棵正在长大的树，需要精心的照料才能成材。就如同种树者需要为它及时除去野草、毒苗一样，家长也需要为孩子精心创造出一个适宜的生长环境。所有的父母都望子成龙，要想让孩子长大之后在"花繁柳密处拨得开"，还需要从小对孩子加以培养。

一些家长根据孩子的爱好适当选择特长爱好班，让孩子不断增强自己的才能和技艺，这是不错的选择。但是在这一过程中，必须要特别注意给孩子留出自我发展、自由发展的空间。一些父母为了全心全意地照料孩子、教导孩子，干脆当起了全职妈妈、全职爸爸，他们在教育孩子的过程中不知不觉地把孩子当成了实验品，总想把孩子培养成一个与众不同的人、无所不能的人，这种过高的期待，不但为孩子施加了沉重的压力，而且也让自己背上了沉重的思想包袱。父母应该学着放手，让孩子心里头多装一些人、一些事，而不仅仅装着爸爸妈妈和各种要学习的技能。须知：要给孩子一个自由成长的环境，任何偏激的教育方法都会将孩子推向深渊。

第 12 讲

坚定——风狂雨骤时立得定，才是脚跟

《钱氏家训》有言："风狂雨骤时立得定，才是脚跟。"这句话的意思是说，在遭遇困难和挫折的时候，一定要有坚定的信念，站稳脚跟，才能进一步谋求发展。很多人的成功都来源于此。孩子们应该明白：人生在世，势必要经历这样那样的挫折，必然要面对各种各样的困难，在这个关键时刻，坚定自己很重要。

坚定的信念，是至高无上的精神追求，是人生奋勇前进的灯塔。在困难之际，坚定地站稳自己的脚跟，这是人们战胜各种艰难险阻的精神支柱，也是生命书写绚丽的基石，事业走向辉煌的动力源泉。古往今来，有很多这样的人，他们不畏艰险，即使经历狂风暴雨般的摧残，也勇于坚持。实际上，也往往就在那多坚持一会儿的努力中，他们取得了最后的成功。

越是在困难的时候，越是要有坚定的态度。这时候，坚定的态度是朝着既定目标前进的开路先锋，是披荆斩棘的巨斧利器。而在一帆风顺、高歌猛进的时候，更应当有坚定的态度。这时候，坚定的态度是战胜疲累的清醒剂，是使人勇挑重担、突破难关的精神之源。

在平时的生活和学习中，我们一旦选择了正确的道路，就应当下定决心、坚定不移地走下去。每个人在前进的过程中都会遭遇困难和挫折，在遭遇这些的时候每个人都难免会迷茫，会觉得信心不足，这时候，请竖起"坚定"这面大旗，让它帮你渡过难关。只要能够拥有坚定的态度和信念，你很快就会发现，在不远的将来你的眼前会是另一番景象，你会有一种前所未有的豁然开朗的感觉。

很多人缺乏坚定的态度，在世事的狂风暴雨中经常站不稳自己的脚跟，结果往往酿成大错。追求梦想的人面对考验不能坚定，结果与成功的果实失之交臂；身居高位、大权在握的人面对金钱、美女不能坚定自己的信念，结果被糖衣炮弹所打倒，锒铛入狱，悔之晚矣。这都是屡见不鲜的事实教训。

对一个孩子来说同样也是如此。很多家长都发现，自己的孩子缺乏坚定的态度和坚韧的品格。在这些孩子眼里，这样也行，那样也可以，遇到点小麻烦不是想办法去解决，而是第一时间就想逃避。孩子的这种习惯如果不加改正，将来很可能会成长为一个懦弱而无原则的人，千万不可小觑。

钱穆先生是中国文化的坚定倡导者和传播者，他一生经历风风雨雨，辗转祖国大陆、香港、台湾各地，可是无论世事如何改变，他坚韧的性格、坚定的态度却不加稍改。他的这种性格和态度大致可以从两次学潮中略见一斑。

第一次学潮发生在钱穆的中学时期。1907 年秋，常州知府许星璧、士绅恽祖祁等人创办了常州府中学堂。这年冬天，钱穆报名应考，一考即中。

当时的常州府中学分师范班和中学班，师范班一年毕业，中学班则读四年。钱穆入中学班。中学班的学生年龄在 20 岁左右，钱穆在那里读书很用功。

在常州府中学读四年级时，学校发生了反对舍监陈士辛的学潮。按照当时常州府中学堂的行政领导制度，监督之下设有舍监，类似后来中学中的训导长。学校的首任舍监刘伯琮是个很和蔼的人，他为人和善，对学生也循循善诱，同时人品也不错，做事情能够以身作则，深受学生们的喜爱。

后来，一位叫陈士辛的新舍监上任。他上任之后，教学生修身课。陈士辛只重规章制度，却很少对学生们进行启发式的教育，因此与学生们相处得不好。后来，这种矛盾愈演愈烈，终于酿成了学生们反抗陈士辛的学潮。全年级集体提议，请求校方对明年的课程有所改动，要求减去修身课，增加希腊文课等。

这时候，正临近四年级的年终大考，钱穆等五名代表被公推前去晋见监督，商谈这个事情，结果被学校拒绝。大家想以集体退学相要挟，可是学校以集体退学不在学校规则之内加以拒绝，学生们一时无计可施，只好妥协。

可是作为学生代表的钱穆却毫不妥协。他考虑之后，决定拒考，于是很快填了退学书，自动退学回家了。

第二次学潮则发生在钱穆执教时期。1923 年 5 月，集美学校发生学潮，这时候钱穆正在集美学校执教。由于全国各地正掀起收回旅顺、大连日本租界的爱国运动，集美学校的学生也参加了这次反日宣传和抵制日货运动。

学生代表向校方提出停课的建议，但是校长叶渊却以"鼓动学潮，破坏学校"为名开除了两名学生代表，对执教的老师也相当不满。被激怒的学生们开始罢课，但校长不但不加让步，反而又开除了十多名学生。双方相持不下，冲突愈演愈烈。

钱穆对校长叶渊开除学生的做法深表不满，比较同情学生。他与两位同事主动出面，想要调停，却没有成功。钱穆为此辞去了集美学校下学年的聘请，重返家乡无锡。

在两次学潮中，钱穆都坚定地维护自己的信念，毫不妥协，展示了他坚韧的性格。

20 世纪 50 年代初，钱穆在祖国香港初创新亚书院时，校舍简陋，经济窘困，办学条件艰苦异常，随时都可能遇到绝境，但钱穆却坚定地说："只要新亚能不关门，我必然奋斗下去，待新亚略具基础，那时才有我其他想法之自由。"就这样，他凭着坚定的精神硬是在艰难困苦的环境下赤手空拳，创业兴学，最终把新亚书院办成了祖国香港一流的大学。

钱穆先生在两次学潮中的"坚定"展现了他高尚的人格；在创办新亚书院时候的"坚定"，最终从无到有、从小到大地成就了一所一流名校。坚定的品格在关键时刻所迸发出来的力量实在令人感慨！

《论语·子罕》中说："岁寒，然后知松柏之后凋也。"这句话用来考验人的信念是否坚定也同样适用。每个人都有想要坚持的东西，可是最终能够坚定不移、坚持到底的毕竟是少数，可见"坚定"之难。

愚公因为太行、王屋二山挡住了家人出门的路，于是就决定移山。这在别人看起来简直是不可能完成的任务，但是愚公却有坚定的态度，最终感动天帝，移走了大山。这虽然是神话传说，可是在现实生活中，由于"坚定"而走向成功、成就自我的人却不胜枚举。

西方作家普里尼有句名言："在希望与失望的决斗中，如果你用勇气与坚决的双手紧握着，胜利必属于希望。"这句话正可以作为这些人"坚定"行为的注脚。功到自然成，成功之前难免有失败，然而只要能克服困难，坚持不懈地努力，那么，成功就在眼前。

现在的不少孩子缺乏应对挫折的能力、缺少应对困难的毅力，不管是做事还是学习，稍有不顺，就要放弃，丝毫谈不上"坚定"二字。

家长要让自己的孩子明白：人的一生总会碰到不少挫折和失败，越是在这种时候，越是要坚定。见困难就让，见挫折就怕，这样下去只会一事无成。要想把子女培养成具有坚定信念、坚韧品格的孩子，父母们需要很多智慧。首先要帮助孩子树立正确的信念，这样在面对诱惑的时候，孩子才能知道什么是正确的，什么是错误的，才不至于迷失方向。其次，父母要帮助孩子正确看待造成失败的原因，帮助他们分析遇到的问题，让他们逐渐树立起自信，让他们有勇气去体验挫折，享受成功，进而认识自己。同时，父母还要帮助孩子做应付困境的心理准备，如果父母注意从小培养孩子以积极的心态来应付自己周围的一切，那么当孩子遇到大风大浪时，就会展现出风雨无阻、坚定向前的气质。

孩子们，坚定的信念是在不断的失败、磨炼中通过实践打造出来的，只有多参加实践活动，才能使自己成长为一个坚定的人。每一个孩子都要牢记一点：你既然期望辉煌伟大的一生，那么就应该从今天起，以毫不动摇的决心和坚定不移的信念，凭自己的智慧和毅力，去创造你的快乐，实现你的价值！

第 13 讲

纠错——能改过则天地不怒

《钱氏家训》有言："能改过则天地不怒。"意思是，人有过错不要紧，只要能改正，还是能够得到别人的原谅。孩子们的年龄很小，生活阅历不丰富，心理和生理还不成熟，因此说错话、做错事是难免的，但家长不能因此迁就孩子，而应该帮助他们改掉这些不好的习惯。家长是孩子的第一负责人，应该鼓励孩子知错就改，让孩子感觉做错了改回来还是个好孩子。

我们每个人从小就受到长辈们的谆谆教诲：错误是每个人都可能犯的，重要的是知错能改。于是，我们知道了，世间有很多事情只要知道错了，还可以改正。但真正地做起来，却相当地难。也正因为此，知错能改被看做是世人难得的品质。

只要是人不是神，他就会犯错误，世界上没有不犯错误的人。一个人由于受思想、阅历、学识、经验等主客观条件的局限，难免一点错误不犯。佛家有云："心垢不净，用法水洗之；身垢不净，用世水洗之。"真诚的改过既能让人做好人，也能洗刷罪恶。

"人非圣贤，孰能无过？"但关键不在于过，而在于能否改过，保证今后不再重犯同样的错误。也就是说，有了过错并不可怕，可怕的是坚持错误，不加改正。

在现实生活中，人们经常用"知错能改，善莫大焉"来劝诫犯了错误的人要加以改正错误。爱因斯坦曾经说过："一个人在科学探索的道路上，走过弯路，犯过错误，并不是坏事，更不是什么耻辱，重要的是要在实践中勇于承认和改正错误。"世界上每个人都会犯错，上到伟人，下到无名小卒，都会犯错。所以，犯了错无须耿耿于怀，最重要的是知错能改。

可是，一些家长容不得孩子犯错误，孩子偶有失误，就一味指责，不能像个朋友一样教育孩子面对错误，帮助孩子改正错误。"数子十过，不如奖子一长"，一味地指责只会适得其反。

更有甚者，一些家长对孩子的错误不以为然，总是以"还是个孩子"为由，姑息迁就，这是更要不得的行为。

作为父母，一定要有足够的警惕性，发现孩子犯错误时要端正自己的态度，千万不要因为事情不大，而忽视对孩子的正面教育，因为很多孩子犯错误，往往都是从微不足道的小事开始的，由"恶小而为之"，逐渐发展到不可收拾，最后难以自拔，铸成大错。父母要让孩子明确这样的道理：有错不要紧，大人也难免会犯错。但如果不加改正，就只能一错再错，最终一发不可收拾。过而能改，善莫大焉！

钱钟书的学术造诣在近现代的学者中是出类拔萃的，他读书很多，著述也颇丰，这些与其小时候的一个转变是分不开的。

有年暑假，钱钟书的父亲外出公干，让钱钟书和堂兄钱钟韩在家里自己用心学习，并声明暑假结束，他回来之后要考查他们的学习成果。钱钟书并没有把父亲的教诲放在心上，整天在家看喜欢的小说和杂志，不料假期过半，父亲却回来了。

父亲回到家之后，第一件事就是检查兄弟俩的功课，他叫钱钟书和钱钟韩各做一篇文章。结果，钱钟韩由于暑假里用心学习，知识大长，写的文章很不错，受到了父亲的夸赞。钱钟书写出的文章却不文不白，立意没有什么新意，用词用字也很庸俗。父亲自然很生气，干脆就把他痛打了一顿。

这次挨打让钱钟书羞愧难当，晚上，全家人都在院子里乘凉的时候，他还一个人待在大厅里呜呜地哭，实在是又羞又气。

不过，小小年纪的钱钟书并没有因此而记恨父亲，相反地，他认识到自己的过错，开始用心改过。此后，大家发现，钱钟书变得跟以前大不相同——他显然迸发出了发奋读书的志气。他读书变得很用功，作文更是大有进步。

钱钟书本就天资聪颖，因此在作文上也开始突破父亲教授的方法，别出心裁地写作古文，父亲对他的文章也很赞许。除了作文之外，他还自学作诗，在学业上取得了飞速的进展。也正是因为这次彻底的悔过，让钱钟书的人生轨迹发生了重大的改变。发展到青年时代，钱钟书已经凭借自己的聪慧过人，被称为"民国第一才子"。

在清华大学外文系读书时，吴宓教授是他的老师，对他"青眼相加"。但钱钟书却恃才自傲，很不把这位学贯中西的先生放在眼里。吴宓常常在上完课后，"谦恭"地问他："Mr Qian（钱先生）的意见怎么样？"钱钟书却总是先扬后抑地批判一番，不屑一顾。吴宓倒也并不气恼，点头称是。

1933年，钱钟书即将从清华外文系毕业，校长冯友兰想要破格录取他为清华大学的西洋文学研究硕士，钱钟书却一口拒绝，并狂妄地说："整个清华，叶公超太懒，吴宓太笨，陈福田太俗！没有一个教授有资格充当钱某人的导师！"

后来，钱钟书的学术水平日渐增长，随着人生阅历的丰富，他开始意识到自己先前的无知和狂傲，开始逐渐改正。晚年之后，更是闭门谢客，淡泊名利。

一次，他路过昆明，想起旧年往事，特意去西南联大拜访当年的恩师吴宓。面对恩师，钱钟书深感自己的年少轻狂，于是就红着脸，向老师赔罪。吴宓并无芥蒂，大方地说："当年的事我早已忘了。"师生二人一起谈论学问、下棋聊天、游山玩水，过得非常愉快。

1993年春，吴宓先生的女儿给钱钟书写信，希望他能为其父的新书《吴宓日记》写个序言。钱钟书谦卑地读完了恩师的日记后，心内慨然，立即回信做了自我检讨，信中写道："少不解事，又好谐戏，逞才行小慧……内疚于心，补过无从，唯有愧悔。"他还特意郑重地要求把这封自我检讨的信，附入《吴宓日记》公开发表。

钱钟书在学问、成就上，远远超过自己的老师吴宓，却在《吴宓日记》序中谦恭地写道："我愿永远列名吴先生之列中。"钱钟书先生过而能改、敢于纠错的勇气堪称一代学者风范。

两千多年前的史书《左传·宣公二年》中留下这样的名句："人谁无过？过而能改，善莫大焉。"确实是为人们对待错误的态度提出了无比明确的指导意见。钱钟书先生自幼聪慧，青年时期已名满天下，成年之后的学术成就更是出类拔萃，这些成就的取得应该说是与其知错能改的态度相伴随的。没有幼年的那次纠错，就没有学术的态度；没有成年之后的改错，就没有学术成就的不断进步。

知错能改是一种责任，不仅是对自己负责，也是对家人负责，更是对国家负责。廉颇知错能改，负荆请罪，是国家之福，社稷之福。知错能改是一种进步。唐太宗善纳谏言，只要大臣们指出不对的，就必然会改正，因此成就贞观盛世。人非圣贤，孰能无过？知错能改能使我们重新认识自己，能使我们进步，能使整个社会进步。我们每个人都应该知错能改。家长在教育孩子的时候，更应该培养他们知错能改的优秀品质。

一些孩子犯错误之后，因为害怕惩罚，会找各种各样的理由来开脱："你说什么，我听不懂！""不全是我的错！""你那么凶，好吓人啊！""爸爸妈妈认错了吗？"这是我们经常从孩子那里听到的口头语。可见，教孩子认错并不是那么容易的事。

孩子犯错误的时候，父母就应"随时确认"，及时给予批评警告，正所谓"堵蚁穴而保千里之堤"。有时，孩子未必能意识到自己的错误，如果孩子犯下小错误，当父母的不能立即纠正，一旦孩子犯下大错误便后悔莫及了。

还有些时候，孩子口头上认不认错并不是最重要的，他心里明白自己做错了就可以了。因此，当孩子犯错时，不一定硬要他口头认错，只要他今后不再犯同样错误，也一样可以达到教育目的。

应该耐心地告诉孩子，哪些事是对的，哪些事是错的。孩子犯错的时候，父母的态度应当是"严厉"，而不是"凶"。孩子知错能改了，应当夸奖、赞赏，而不是抓着不放，事后"翻旧账"。做父母的更应当以身作则，只有这样才能为孩子树立标杆。

细小的嫩芽长成参天大树，不但需要为它培土浇水，还需要为它挡风遮雨；再出色的骑手，也是从扶上马、送一程走出来的。让孩子养成知错能改、自我纠错的习惯，父母的帮助不能缺位。

第 14 讲

守己——能安分则鬼神无权

《钱氏家训》有言："能安分则鬼神无权。"这句话的意思是说，一个人如果能够做到安分守己，那么就算是有人想要暗地陷害他，他也会得到神灵庇护。这句话告诉人们，安分守己的处世态度无比重要。孩子们也应该知道：不管周围环境如何变幻无常，自己一定要坚守自己的理念，不要放弃信念，随大溜。

安分守己是一种人生态度，这种人生态度向来得到绝大多数人的赞许。实际上，安分守己的人生态度对整个社会来说也是十分重要的。一个社会的成员，安于自己的本分、专心做好自己的事情，是这个社会和谐发展的条件，也是自身赖以安身立命的前提。

中华民族创造了灿烂悠久的古代文明，其重要成果和突出特征之一，就是创造并形成了一种安分守己的文明的生活样式。安分守己让我们平和、礼貌，使中国成为礼仪之邦。

安分守己是清清爽爽做人的基本态度，不贪财、不同流合污、不趋炎附势、不拉帮结派，这并不是什么高层次的追求。但随着社会的发展，很多人开始变得不安分起来。看看我们周围的事情，有太多不安分守己的现象。比如在马路上，明明有红绿灯，如果人人都能安分守己，遵从红绿灯的科学调度，那么就会大大减少事故，提高效率。可是事实却是"车抢车、车抢人、人抢车"。

人们并非不知道红绿灯的作用，但是每个人都倾向于认为别人都不会"安分守己"，自己"安分守己"的结果一定是耽误时间，结果人们选择的不是"宁停三分，不抢一秒"，而是"宁抢一秒，免停三分"。

类似的情况，在社会生活的方方面面都存在。很多人为了攫取更多的财富和利益，不顾道德的约束，甚至于铤而走险，最终悔之晚矣。

事实上，任何成功的追求、进取都是在对现状恰如其分的适应和处置后取得的。一个不能适应现状、在现实面前手足无措的人，是很难取得成功的。在我们的现实生活中，人们常说"这山望到那山高"，实质上是没有清楚认识自己，迷失了方向。

作为父母，一定要明白安分守己的信念在孩子成长过程中的作用。一个安分守己的孩子更容易懂得社会规则的重要性，懂得如何在社会道德、法律规范允许的范围之内行动。如果一个孩子从小就不安分，不懂得坚守自己的信念，那么长大之后，就很容易在纷纭复杂的社会大潮中迷失方向，最终走向毁灭。

钱陈群，字主敬，号集斋，是钱镠的第二十六世孙，也是明代名人钱瑞徵之孙。海盐钱氏家族一向非常重视家教，因此人才辈出。

钱陈群是清康熙六十年的进士（二甲六名），雍正年间，他任翰林院侍读学士、国子监祭酒、督学顺天府等职。乾隆年间，他又历任内阁学士、刑部左侍郎、太子太傅、刑部尚书。

钱陈群的才学很好，从雍正年间起，多次出任乡试主考官，会试副主考官，还担任大清会典副总纂官、经筵讲官等职务。他为官三十年，正好是"康乾盛世"的重要时期。这时候，清朝经济、文化达到鼎盛，而三位皇帝也都十分推崇名儒俊彦。

钱陈群任顺天府学政时，着重培养了一批优秀人才，如阿桂、纪昀、翁方纲等人都是他的学生。乾隆十六年（1751年），钱陈群出任会试主考官，钱大昕、刘墉为该榜进士。所以，纪昀、刘墉等人都称钱陈群为恩师，后来这些人都成了清代名宦、学者。

钱陈群因其才学受到乾隆皇帝的赏识，二人之间除君臣之谊外，还是文字上的知己，乾隆称钱陈群为"故人"，钱陈群有诗作进呈的时候，乾隆皇帝都十分重视，每次都要亲笔回赠，乾隆皇帝还将他与南通的著名诗人沈德潜并称为"江南二老"。乾隆皇帝南巡时，多次让钱陈群扈从。

尽管钱陈群是皇帝的宠臣，然而他却一点也没有骄横的表现。他安分守己，对本职工作一丝不苟。他勤勉、谨慎、认真、公正，在他担任刑部副职的十年中，对所有的案件都十分重视。在审理犯人的时候，遇到和自己政见不同的罪臣，他也能戒除成见，详细勘察，反复甄别，防止出现冤狱。

除了做好本职工作之外，钱陈群对朝政、时局相当关心。他关注朝廷的每一个政策方针，体察社会时弊，经常就这些问题向皇帝奏陈。他的建议妥当，经常被采纳。他奏陈的事务内容也非常广泛，如"匿名揭帖、广劝植树、耗羡养廉、仓谷价格及请省株连"等，这些建议显然是心存江山社稷、心存黎民百姓的儒家思想的反映。

钱陈群官位甚高，可是却两袖清风，家人在他的影响之下也很懂得"守己"。钱陈群的母亲陈书是嘉兴名士陈尧勋的女儿，陈家的祖上在宋朝的时候因为护主有功，皇帝赏赐了一座宅第，于是世居于此。

钱陈群的父亲钱纶光曾在岳母家住过很长时间，钱陈群从小也居住在那里。钱陈群在入朝做官之后，母亲陈书跟随他入京，后来要回老家居住，但先前的宅邸已由侄儿所住，陈书就干脆在嘉兴租了一位马姓人家的小楼安身，后来又在城中天官牌楼广平桥租房居住。

乾隆十七年，钱陈群告老还乡。回到嘉兴后，一家人就和母亲同住在天官牌楼的租房内。由于家里人多，开销比较大，再加上钱陈群为官时十分清廉，一家人的生活很拮据。

一次，浙江巡抚汪由敦受乾隆嘱咐，去嘉兴探视钱陈群，看到这样的情况十分感动，就将这件事情上奏了乾隆皇帝。乾隆皇帝立刻下旨给予钱陈群"按正一品食全俸"的待遇，就是按照"正一品"的官员级别给钱陈群全额发放退休金，钱陈群一家的生活这才得到了改善。

钱陈群历经三朝而不倒，他本人也是皇帝身边的近人，朝中很多名臣都是他的学生，可是钱陈群却一点也没有骄躁跋扈。他安分守己，做好本职工作，为民请命，淡泊处世，留下了一世清名。在伴君如伴虎的封建时代，尤其是面对暴戾多疑的雍正皇帝，安分守己的处世态度让钱陈群在仕途上一帆风顺，雍正皇帝也谕奖钱陈群为"安分读书人"。

安分守己很简单。"安分"就是严守做人的分际、分寸，扮演好自己的角色，保持一贯的风范，要明白自身的责任，明确自己的义务。如果我们不能安分，就不能够恰如其分地尽到做人的责任、义务，而妄起非分之想，这样的话，又怎么能心安理得地享受生活的幸福呢？又岂能"理得心安"？"守己"就是要在认识自己的基础上坚守自己的正确信念。只要认识到自己所守的是符合道德规范的正义，那么不管在什么时候都要做到不迷失、不怀疑。

清代学者纪晓岚的《阅微草堂笔记》中有这样一个故事：狐狸修炼成人要炼丹。如果这个丹完全是靠自己的力量炼成的，任何人也抢不去。可是一只狐狸投机取巧，他通过害别人性命来采阴补阳，害死了不少人这才终于炼成了仙丹。但他还没来得及服下仙丹，就被同类害死了，仙丹也被夺走了。他担心去城隍土地那里告状会被翻出他曾经害人的老账，所以只好作罢。他的魂魄也没有地方皈依，就这么变成了孤魂野鬼。

这虽然只是一个鬼怪故事，可是却揭示出了一个大道理：只有安分守己，获得的财富和名声才能长久。如果不择手段，用种种欺骗的办法去获取财物，虽然可能暂时获得财富，但失去也会很快，最终只能坑害自己。

我国台湾著名漫画家蔡志忠先生所说："自己是什么就做什么：是西瓜就做西瓜，是冬瓜就做冬瓜，是苹果就做苹果；冬瓜不必羡慕西瓜，西瓜也不必嫉妒苹果……然后才能游刃有余，进一步积累、创造自己的价值，取得水到渠成的成功。"

父母要教导自己的孩子，让他们不要有太多的奢望，不要有太多的贪欲；让他们将自己的心态放平和些，做自己力所能及的事情；遇事三思而后行，不要做过分的事情，更不可违法乱纪，危害他人。

当然，父母也必须让孩子明白"安分守己"与"努力进取"的关系。要让自己的孩子明白，安分守己不是故步自封，不是说抱着现有的东西不放，不再追求新成果、新进步，而是要在不违反社会道德、不损害他人合法权益的基础上努力进取。对那些过分"安分守己"，甚至有些懦弱、害怕付出努力的孩子，父母们则应当积极地鼓励，加强引导，防止孩子成为一个唯唯诺诺、胆小怕事的人。

第15讲

读书——读经传则根柢深

《钱氏家训》有言："读经传则根柢深。"意思是说，要熟读古书才会根基深厚。放在现在的意义上说，这个"经传"的范围则要更广一点。宽泛地来说，我们大致可以理解为读书。

高尔基先生说过："书籍是人类进步的阶梯。"古往今来，劝人读书、激励人读书的名言和名人逸事多如牛毛。西汉的匡衡，幼时家贫无钱买灯油，就在贴着邻家的墙上凿穿一个孔洞，"偷"一点光亮，让邻家的灯光照射过来，他就捧着书本，在洞前映着光来读书，遂留下"凿壁偷光"的美谈。东晋人车胤则用萤火虫做成纱囊，借着萤火虫的光亮读书，同时代的孙康借着雪地反射的光亮读书，留下"萤囊映雪"的典故。

人们为什么要读书、爱读书？原因再简单不过了。书给我们带来了遐想和乐趣，书给我们带来了智慧的源泉和精神的力量。读书能增长知识，开阔眼界；读书能明白事理，增强能力；读书能陶冶性情，德润人心，沿着书籍构成的阶梯，学做人，学做事，攀上一个又一个科学的高峰，争取不断超越，走向卓越。

多读书，可以让你写文章的时候妙笔生花、下笔如有神；多读书，可以让你知书达理，行事周全，落落大方；多读书，可以让你变聪明，变得有智慧去战胜对手，一步又一步地迈向成功；多读书，可以调节你身体的血液流动，让你的身心健康，心情更愉快。读书能陶冶人的情操，给人知识和智慧。所以，我们应该多读书，为我们以后的人生道路打下好的、扎实的基础！

　　孩子正是长知识、长学问的时候，可是很多家长对孩子的读书却并不重视。现今，不少家长不管孩子的意愿如何，强逼着孩子上特长培训班，学钢琴、学舞蹈，有些家长抓住一切机会培养孩子的"财商"，或者锻炼孩子的交际能力，唯独忽视了孩子对读书的亲近感。

　　更有甚者，一些家长甚至大言不惭地扬言："我这辈子挣的钱都够我孙子的孙子吃喝不愁了，孩子读书还有什么用？"这实在是个很大的误区。

　　读书对孩子的意义并不仅是为了以后赚大钱、过上好日子，这些仅仅是读书的功利性目标。家长更应当重视"一本好书能改变人的一生"的巨大作用，这一改变，不但在物质方面，更在精神方面。读书是孩子的一种娱乐，可以让孩子有快乐的童年；读书也是一种体验，孩子在阅读中能够体验艺术、理解人性和人生，这些是钱财所买不到的。

　　作为家长，应当防止"读书无用论"对孩子的消极影响，督促孩子多读书、读好书，帮助他们形成受益一生的习惯。

　　钱钟书先生 1910 年 11 月 21 日出生于江苏无锡的一个大家族。钱钟书的父亲钱基博是著名的学者。钱钟书周岁的时候，家里为他举行了"抓周"仪式，他一下子就抓到了一本书，家里人非常高兴，就为他取名"钟书"。

　　小时候，钱钟书就对书籍产生了浓厚的兴趣。由于识字较少，暂时还看不懂比较深奥的书，他就用零花钱从小书铺子或书摊租小说看，书摊上租来的《说唐》《济公传》《七侠五义》之类引起了他浓厚的兴趣。

　　学习古文写作之后，他对读书更是如饥似渴。正是由于广览多读，小小的钱钟书知识大增，11 岁时考取了东林小学一年级。三年后，他又进一步考入了苏州的桃坞中学。

　　桃坞中学是美国圣公会办的教会学校。在这所学校里，钱钟书除了保持功课的优异之外，又开始把读书的触角伸到了外国小说。他读了著名翻译家林纾翻译的很多外国小说，他把林纾翻译的哈葛德、狄更斯等人的作品读了一遍又一遍，这些小说带领他走进了一个新的天地，一个《水浒传》《西游记》以外的世界。

正是由于大量阅读了这些外国小说，钱钟书产生了这样的念头：如果我把外文学好了，有一天我就能够痛痛快快地读通哈葛德以及旁人的探险小说了。也正是这样的念头，差不多决定了他后半生的人生走向。

钱钟书开始喜欢上了英文，并努力学习英文，他的英语成绩在班上总是第一。钱钟书18岁的时候，桃坞中学停办，他考入了美国圣公会办的无锡辅仁中学。

1925年，钱钟书以优异成绩从无锡辅仁中学毕业，报考清华大学。虽然数学成绩很差，但是他优异的国文和英文成绩还是获得了校长罗家伦的赏识，钱钟书终于如愿以偿地被清华大学外文系录取。

读大学的钱钟书依旧不改爱读书的素习，他到清华后的志愿是：横扫清华图书馆。他的中文造诣很深，又精于哲学及心理学，终日博览中西新旧书籍。清华大学绝好的环境使他吸收了大量的知识。几年大学生涯中，他是清华图书馆借书最多的一个。他自觉进行着中国文化和西方文化的学习和探索，境界比以前开阔了许多。

就这样，凭借着读书的积淀，钱钟书以自己已经具备的学术功底和卓越才华震惊了全校的师生，许多老师都对他另眼相看，不把他当成他们的学生，而当成他们的顾问。很快，钱钟书就被誉为清华大学"三才子"之首，其他两位是考古学家夏鼐和历史学家吴晗。此外，清华外文系又有"龙、虎、狗""三杰"的说法，"虎"是戏剧家曹禺，"狗"是颜毓蘅，而"三杰"之首的"龙"则是钱钟书。

钱钟书酷爱读书，因此得了个"书痴"的雅号。他读书完全出于喜好，他相濡以沫的爱人杨绛说他读书"似馋嘴老贪吃美食：食肠很大，不择精粗，甜咸杂进"，尤喜读"极俗的书"，而精微深奥的哲学、美学、文艺理论等高头讲章，则像"小儿吃零食那样吃了又吃，厚厚地一本本渐次吃完"。

"文化大革命"的时候，他们夫妇二人被送去劳改，每日只能看马列著作。但只要抱起书本，钱钟书就能兴致盎然。后来，第一批"老弱病残"被"大赦"回京，名单上却没有钱钟书，也没有杨绛。他们夫妻二人平静地走回窝棚，杨先生说："给咱们这样一个棚，咱们就住下，行吗？"钱先生歪着脑袋认真地想了一下，说："没有书。"

读书是钱钟书一生坚守的习惯，也正是因为这一习惯，他成为学贯中西的大家。他的著作丰富，种类繁多，《围城》《人·兽·鬼》《写在人生边上》《管锥编》《谈艺录》《七缀集》《槐聚诗存》……每一部著作都引起了如潮的好评。"读经传则根柢深"，这可以说是钱钟书人生最好的注脚。

温家宝总理曾将自己读书的三点心得与网友分享，希望能够与大家交流一下读书的体会。他还说：读书关系到一个人的思想境界和修养，关系到一个民族的素质，关系到一个国家的兴旺发达。一个不读书的人是没有前途的，一个不读书的民族也是没有前途的。

犹太民族是世界上最智慧的民族之一，他们将全世界的智慧装在脑袋里，将全世界的金钱装在口袋里，而这一切正是坚持不懈地读书的精神所得到的丰厚回报。在古代，不少犹太人的墓园里常常摆放着各种书籍，因为犹太人相信，在夜深人静时，死去的人们会出来读书。为了培养孩子读书的习惯，在每一个犹太人的家中，当小孩稍微懂事时，母亲就会翻开《圣经》，滴一点蜂蜜在上面，然后小孩则去吻《圣经》上的蜂蜜，这仪式的用意不言而喻——让孩子从小就知道书本是甜的，读书会对人生大有裨益。

"开卷有益，读书好处多"这是自古以来人们的共识。每一个人要想在知识的山峰上，登得越高，眼前展现的景色越壮阔，就要拥有渊博的知识。知识是人类通向进步、文明和发展的唯一途径。书是前人劳动与智慧的结晶，是我们获取知识的源泉。我们要让自己变得聪明起来，必须多读书，读好书。

读书不仅可以使我们开阔视野，增长知识，培养良好的自学能力和阅读能力，还可以进一步提高我们的认知水平和表达能力。因此，帮助孩子养成爱读书的习惯，是家长不可推卸的责任。

让孩子爱上读书，不但首先需要让孩子明确读书的重要意义，还要为孩子营造良好的读书氛围。对家长来说，你不妨试试以下的办法：

陪孩子读书。心理学家西格曼博士曾提出：睡前 10 分钟的亲子共读除可帮助入睡外，对孩子免疫系统、倾听技巧及想象力的发展都有帮助。因此，父母不妨每天抽出时间陪孩子阅读 10 分钟，父母和孩子可彼此读给对方听，或一起读，效果都会不错。

增进孩子阅读的乐趣。为了使孩子爱上读书，父母可以尝试进行多方面的趣味活动，发展孩子读书的多元能力。与孩子一起畅想书中的世界，为孩子介绍书中有趣的动植物，让孩子扮演书中角色，和孩子一起共同表演一段印象最深刻的情节，这都是不错的尝试。

让孩子评价书。读书不是目的，最终的目的还在于学习和吸收。父母陪孩子读完书后，应用开放的态度跟孩子讨论书中内容，一定不要把自己的理解强加给孩子，要留给孩子体会的空间。这除了可深入了解孩子的想法，还可建立良好的亲子关系，并发展孩子的推理、分析与鉴赏能力。

第 16 讲

明鉴——看史鉴则议论伟

《钱氏家训》有言："看史鉴则议论伟。"这句话的意思是说，要多读历史，多了解过去所发生的事，只有大量阅读史书，自己所提出的观点和看法才能够有高度、有品位。这句话告诉人们读史的重要性。孩子们也应该注意这一点，要多了解一些历史知识，这样自己看问题的时候才不至于显得偏颇、浅薄。

所谓读史，就是要通过学习来了解、掌握和探究事情所发生的背景、原委、过程、结果、意义等，弄清史实，并从中汲取经验教训，把理解历史当做把握人生和社会的一把钥匙。

人的活动是有意识的、自觉的。从某种意义上说，读史就是人类思考自己过去的活动，从而能够更好地认识自己，并自觉把握人生的现在和将来。人们常说："观今宜鉴古，无古不成今。"人们又说："鉴往知来。"其重点都在于强调"史鉴"的作用。

我国古代有易代修史的传统，每一个新兴王朝都要为已灭亡的前朝纂修史书，这是中国古代社会流传千古、绵延不绝的历史文化传统。这件事情得到每一个新兴王朝的重视，都设有专门的史馆，选拔当世最有名的学者参与修史，其目的就在于发挥历史的鉴戒功能、寻找王朝治乱兴衰的枢机。

唐太宗曾经这样说："以铜为鉴，可正衣冠；以古为鉴，可知兴替；以人为鉴，可明得失。"其中所包含的"读史使人明智"堪称真知灼见，其讲的就是以史为鉴认识世事兴衰的因缘。

通过了解历史来展望未来，这是人们获取智慧的重要途径。古人说

"读万卷书、行万里路"，就包含这样一层意思。

现在很多人都喜欢读历史，近年来，一些普及性的历史读物和历史讲座也受到了广泛的欢迎。《读史有智慧》《明朝那些事》《历史是个什么玩意儿》……种种通俗的历史书在书店中热卖，走进了千家万户。人们之所以喜欢读历史，就是因为历史就是曾经真实发生的事，这些事情中体现着人的真性情，有着普遍的规律。

当我们打开历史长卷的时候，你会发现许许多多你在做的、或希望的、渴望要做的，其实历史中的人物早就已经这样想、这样做了，而且丰富程度远远超出了当代人的想象，或是成功或是失败，都是前人亲身的实验，而如果你能从前人的经历上获得间接阅历，就能使你更快地达到明智的境界。

古人云：察古观今。研究历史是为了吸收过去的经验教训，有利于中华民族发展进步。对个人来说，读史也能够让自己变得更加智慧。父母应该引导孩子多读些史书，让孩子从历史中发现真善美，区分假恶丑，让他们从读史中获得文化的浸润滋养，增长人生的英明智慧。

钱穆是江苏无锡人，他 12 岁丧父，家庭很困难。1912年，由于家贫，18 岁的他中学没有毕业即退学，只好自学。也就是在那一年，他开始了此后"读书、教书、著书"的人生历程。钱穆在此后的十几年间，前后教过 10 年小学、8 年中学。他一边教学，一边阅读了大量的史学著作。

1930 年，36 岁的钱穆凭借《刘向歆父子年谱》一举成名。著名史学家顾颉刚看了他的书后非常赏识他，推荐他到燕京大学任教。顾颉刚在写给胡适的信中说："他如到北大，则我即可不来，因为我所能教之功课他无不能教也，且他为学比我笃实，我们虽方向有些不同，但我尊重他，希望他常对我补偏救弊。故北大如请他，则较请我为好。"

钱穆在燕京大学任教不久，又被聘为北京大学教授。在这座最高学府里，钱穆十几年的史学功底，使他在讲授课程的时候旁征博引，有据有识，他的课程也因此很受学生们的喜欢。

钱穆对问题往往反复引申，旁征博引，使大家既惊异于他的渊博，更惊异于他的记忆力之强。在对比中西文化的时候，他把秦汉文化比作室内遍悬万盏明灯，打碎一盏，其余犹亮；把罗马文化譬为一盏巨灯，熄灭了就一片黑暗，非常形象。

钱穆在讲课的时候不时阐发很长的议论，他的议论出口成章，就像事先准备好的一样。在当时的北大，他与胡适都以演讲的方式上课而驰名学校，两人都成为北大最叫座的教授。学生们把他们二人相提并论，称之为"北胡南钱"。当时通史课的教室在北大梯形礼堂，面积是普通教室的 3 倍，每一堂近 300 人，坐立皆满，盛况空前。他自己也曾颇为自负地说过："大凡余在当时北大上课，几如登辩论场。"

北大的教风、学风都很自由，教师在课堂上提出自己的观点，学生常设疑问难，竞相争论。胡适、钱穆和顾颉刚三人的私交很好，可是在牵涉到学术观点时，则常常激烈争论。三位先生在课堂中各自把自己的观点讲给学生，并且当众批评对方的观点，学生之间也彼此争论不断。针对这些学术争论，钱穆常常用大量的史实为依据进行辩论，影响了一大批学生。

正是由于有深厚的史学功底，钱穆的著述也日渐丰富。20世纪 30 年代至 40 年代是钱穆思想发展最重要的时期，也是他学术著作的高产时期。他的传世之作，多生成于这忧患的时代。他于 1933 年写成《先秦诸子系年》，1935 年交由商务印书馆出版。1937 年 5 月，商务印书馆又出版他的《中国近三百年学术史》。1940 年香港商务印书馆出版其著名史学著作《国史大纲》。20 世纪 40 年代，钱穆还花大力气编写了《清儒学案》，全书计四五十万字，字字都是他亲手抄写，可惜后来在辗转大西南的途中流失。

从《刘向、刘歆父子年谱》到《国史大纲》诸书，钱穆以自己不朽的著作无可争辩地跻身于国学大师的行列。他自学成才，在中国现代史学界中，自成一派，主张博通以区别于一味求专精的主流史学。

正是由于有深厚的史学功底，所以钱穆不但在授课时旁征博引，备受学生的欢迎，而且其著述之丰在现代史学家中也位居前列。"看史鉴则议论伟"这句话用在钱穆身上是再合适不过了。

英国哲学家培根说："读史使人明智，读诗使人灵秀，数学使人周密，科学使人深刻，伦理学使人庄重，逻辑修辞之学使人善辩；凡有所学，皆成性格。"其中"读史使人明智"的说法和《钱氏家训》中所谓"看史鉴则议论伟"有异曲同工之妙。

毛泽东同志热衷读史书这件事大多数人都知道。早在1920年，毛泽东在致好友蔡和森等的书信中就分析袁世凯称帝、段祺瑞执政之所以皆因为"不读历史之故"，因此"劝大家读历史"。走上革命道路后，毛泽东更是以史书为伴。毛泽东一生到底读了多少史书已无从统计，一部4 000万字的《二十四史》，他反复阅读，直至逝世；一部300万字的《资治通鉴》，他读了17遍之多。

"如果要看前途，一定要看历史"，毛泽东不仅自己重史、读史，还号召和带领全党学习历史。周恩来同志也说："一个民族如果忘记了历史，就会成为一个愚昧的民族，而一个愚昧的民族是不可能建设社会主义的。"

毛泽东、周恩来等革命先辈从读史中发掘智慧，引领中国革命走向成功。现在正值中华民族复兴的关键时期，读史也有现实的意义。

如今的生活节奏很快，孩子的课业也比较重，一些父母觉得历史是副课，而且没有实际的用处，所以不重视孩子对历史知识的了解。其实这种做法是要不得的。

"读史使人明智"，而实际上，读史的好处并不只是"明智"那么简单。阅读历史、了解历史对孩子们的健康成长可大有裨益。

阅读历史、了解历史不仅能帮助孩子拓宽视野，增加孩子的知识，从而进一步帮助孩子发展智力、提高能力，同时还能帮助孩子形成良好的思想品德，树立正确的人生观、价值观和远大理想。更重要的是，通过阅读历史书籍，孩子们可以从中学会很多做人的道理。

因此，父母应该结合孩子的身心发展特点，注重从小培养兴趣，选择适合孩子的历史类书籍。如小学1～2年级的孩子处在形象思维的阶段，可以读一读注音的少儿版《三国演义》；小学3～4年级的孩子，识字量已经有了一定的积累，可以读一读《中华人物故事》《上下五千年》等；小学 5~6 年级的孩子对世界的认识比较客观，父母可以引导他们读一读《中国历史故事集》之类的书。这都是不错的选择，这些书可以帮助孩子了解历史、阅读历史，在阅读历史中汲取营养，在阅读历史中思考，在阅读历史中明智。

第17讲

能写——能文章则称述多

《钱氏家训》有言："能文章则称述多。"这句话直白地告诉我们，写作能力的重要性。孩子们一定要明白，一个人要想获得更大的发展，就要让别人认识到自己的才华，而这个才华最容易表现的地方无非是两点，即说和写。而能写在多数时候的重要性表现得更为突出。

孔子有言："言之无文，行而不远。"他认为说话写文章不仅要有思想，还要有文采，没有文采，文章也不会流传下去。著名美学家朱光潜先生认为："咬文嚼字，在表面上像只是斟酌文字的分量，在实际上就是调整思想和情感。"则从更深的层面分析了"写"的过程。

语言和思想密不可分，语言是思想的载体，思想是语言的内核。当语言用文字无声地表达出来时，就是"能写"的才干。人们常说"妙笔生花"，一个人如果具有超凡的写作能力，必然会得到别人的青睐和赞赏。

写作能力不仅是人们用来进行社会交际和交流思想的重要手段，而且是衡量一个文化人的价值的重要标准。孩子的写作能力同时还是衡量他们学习能力的重要尺度，但是很多家长对孩子写作能力的重视却不够，有些家长盲目偏重读书，在对孩子的读写训练中，阅读训练的分量较重，时间多，范围广，可是对孩子写作的训练却少了很多，无论从时间上还是数量上，相对来说都收效甚微。

而一些重视孩子写作能力培养的家长，往往又不得要领，让孩子大量阅读优秀作文书，想要借此激发孩子的"灵感"，走了冤枉路。

一些老师最头疼的也是写作教学，精心准备了半天，结果上课的时候，孩子们却没有兴趣，远远达不到自己的期望值。

在这样的环境下，孩子们对写作的兴趣也大打折扣，写作文时要么东抄一段，西抄一段，要么就东拉西扯，不着边际。曾有位教师用这样一副对联来形容学生作文时的情景：上联：苦坐苦等苦思苦想苦茶入口苦不堪言；下联：愁纲愁线愁情愁理愁眉苦脸愁断肝肠。

要想具有杰出的写作能力，不但要有较好的文采，还要有丰厚的积淀。缺乏文采，写出来的文字常常让人生厌，即使观点不错，也难以勾起人们阅读的快感；缺乏丰厚的积淀，仅凭文采出众，又会使文章显得轻浮，没有实质的内容，同样得不到别人的认同。

钱钟书小的时候很喜欢读书，随着阅读量的增加，他的写作能力也得到了飞速的提高。父亲看到他很能写，心里也非常欣慰。钱钟书的父亲钱基博，字子泉，别号潜庐，无锡人，清光绪十三年（1887年）二月初二日生，是精通经史的名家，有《经学通志》《韩愈志》《古籍举要》等大量著作。他看到钱钟书是可塑之才，就有意培养他的写作能力。

由于常年读书，钱钟书的文才斐然，常为父亲代笔写信。最先的时候，是父亲口授他代写，后来干脆带父亲写文章。

有一次，乡下的一家大户家里死了人，就托人请钱基博老先生代写一篇墓志铭。钱基博老先生让钱钟书代为书写，钱钟书毫不推辞，很快就写成了。墓志铭送出去之后，竟然没有人看出来这篇墓志铭是出自年轻的钱钟书的手笔。

还有一次，商务印书馆出版大学者钱穆的一本书，钱穆就请钱钟书的父亲写一篇序，钱老先生又让钱钟书代笔。钱钟书写好后，钱老先生一个字也没有改动。书出版后，也没有人看出这篇序是一个不到20岁的年轻人代写的。钱钟书能写、善作文的能力初见端倪。

后来，钱钟书考入清华大学西洋文学系，毕业后又留学英法。回国后，他先后任清华大学、西南联大、蓝田国立师范学院等校教授。

随着人生阅历的逐渐丰厚和学识的渐趋渊博，他的写作能力更是一日千里。他用诙谐的笔墨写成的长篇小说《围城》则更是倾倒一时读书之人。20世纪40年代初版后，当时就有"交谈不说《围城》记，纵读诗书也枉然"的说法。书评家夏志清先生认为这本小说是"中国近代文学中最有趣、最用心经营的小说，可能是最伟大的一部"，不能算是虚言。

而与此同时，他的学术著作也不断问世。他的"能写"不但体现在文采上，而且有深厚的学术根基做基点。那部奠定他学术地位的《管锥编》就是钱钟书研读《周易》等十部中国古籍所作的札记和随笔总汇。这部书用典雅的文言写成，引用了大量西语原文，引述了四千位作家上万种著作中的数万条书证。

曾经有一次，黄永玉先生要写一个有关"凤凰涅槃"的文字根据，但一点材料也没有。他先后向《辞源》《辞海》《中华大辞典》《佛学大辞典》等资料室询问过，还专门请教了北京城的民族学院、佛教协会，结果都没有得到满意的答复，最后只好问钱钟书。

钱钟书接到电话，略一思索就说道："这算什么根据？是郭沫若1921年自己编出来的一首诗的题目。这可能是从希腊传过去的故事，说不定和埃及、中国都有点关系……这样吧！你去翻一翻中文本的简明不列颠百科全书，在第三本里可以找得到。"

黄永玉先生按图索骥，果然找到了这个词条，总算解决了问题。钱钟书先生的深厚功底可见一斑。

1998年12月19日，钱钟书先生因病在北京逝世。当晚，江泽民总书记亲自给钱先生的夫人杨绛打电话，对钱先生的逝世表示深切哀悼。在翌日新华社播出的新闻通稿中，也出现"永垂不朽"字样。

钱钟书先生的一生光明磊落，不计较名利，单凭其能写这一点，就足以称得上"永垂不朽"：钱钟书的《管锥编》是一部不可多得、必然传世的多卷本学术著作，近130万字；《谈艺录》是中国最后一部集传统诗话之大成的书，也是第一部广采西方人文、社科新学来诠评中国古典诗学诗艺的书，全书45万字；《围城》是中国现代文学史上一部风格独特的讽刺小说，被誉为"新儒林外史"，30万字。此外，还有多种学术著作和散文集。这样的成果，堪当"能写"之名。

钱钟书先生是位学术大家，又是位文学大家，他凭借丰厚的学术积淀，在"能写"上做出了很大的成绩。对于普通人来说，"能写"是不是就不那么重要了呢？当然不是。

我们在日常的生活中，到处都要遇到"写"的考验。作为一个学生来说，每年的中考、高考中，作文的分数占很大比重，能写一手好的作文是考试成功的关键。走向社会，和朋友、家人联络的时候需要写信，入党入团的时候需要写申请书，汇报工作的时候需要写汇报材料。看来，写作真是无处不在。毛泽东同志历来都十分重视，极其强调看书、作文能力的养成。1942年他说："一个革命干部，必须能看、能写。"中华人民共和国成立之后，毛泽东同志对各级干部，各类工作人员的"写作"水平在更高层次上推出了更为严格的要求，而他本人的写作能力更是出类拔萃，不管是政论文还是诗文，都具有极高的水准。

现在，很多发达国家也都很重视对写作能力的培养。在西方，流行这样的一种观念，即"工业的语言是蓝图，而科学的语言即文章"。在世界名校普林斯顿工学院开设的八组课程中，头一组就是"语文及作文法"，这是各科的必修课业。哈佛大学对学生写作能力也有着很严格的要求，如果谁学术论文的写作不合格，那就得照章补课，否则不能毕业。在日本，应聘经理要考作文，就是那些应聘普通职位的人，也要用习作的方式表达自己对职业的理解。

可以说，在现代社会，会不会写文章，不仅成了人们有没有"学问"的标志，而且也往往成为人们能否顺利谋生的决定因素。

如今，很多父母担心自己的孩子"茶壶里煮饺子——有口说不出"，因此很重视孩子口才的培养，让他们多参加演讲比赛，多进行朗诵学习等，但是却缺乏对孩子"写"这一能力的培养。须知，我们要把自己的感知、认识、积蓄用最恰当的方式"由内而外"地传达出来，表现的方式有许多种，而其中"写"可以说是最重要的一种。当今社会虽说交流沟通都是用"口才"，但没有文才，不能"写"，也常常会使人陷入被动地位。

从小的方面来说，能写与不能写关乎一个人的品位和形象；从大的方面来说，能写与不能写则关乎历史的传承。人类文化能够流传至今，文字起着无比重要的作用，因此，不能片面扩大口才的作用而缩小文才的作用。

因此，父母要加强孩子写作能力的训练。现在的孩子平时的业余生活就是看电视、玩电脑，到了周末就会被家长拉去上辅导班，根本没时间去亲近生活，接近大自然，读书的时间也相对较少，这对孩子写作能力的提高大有妨害。父母应当和孩子一起，多向生活求真知，多向书本要学问。对那些基础不好的孩子，父母更应当和老师密切配合起来，帮助孩子制订合适的计划，点滴积淀，不断提高。须知，写作能力不提高，孩子最终将要在成长的过程中吃大亏。

第18讲

厚德——蓄道德则福报厚

《钱氏家训》有言："蓄道德则福报厚。"这句话的意思是说，一个人的道德如果高尚的话，那么他的福报也会多。这句话告诉人们道德的重要性，提示人们去做一个道德高尚的人。美德与丑恶，道德上的善与恶，都是对社会有利或有害的行为；在任何时代，为公益作出最大牺牲的人，都是最道德的人。

道德是一个很宽泛的概念，可以包括人的品质和品行。孔子说："天生德于予。"唐朝时候，韩愈在《朱文公校昌黎先生集》中提出："道德之归也有日矣。"他主张以善和恶、正义和非正义、公正和偏私、诚实和虚伪等概念来评价人们的各种行为，调整人们之间的关系。

在那以后，人们通过各种形式的教育和社会舆论的力量，使社会上大多数人所认同的信念、习惯、传统成为道德的规范，指导着人们的行为，使社会走向进一步的和谐。

在数千年的历史长河中，道德模范的作用始终在激励着善良的人们，让社会不断前进。古代圣贤们告诉我们：德高才能望重。走进现代，道德的力量依旧不减。我国最著名的大学之一——清华大学的校训是"自强不息，厚德载物"，意思就是说：道德是人生的基础，以后人生发展的每一步，都跟我们是否有高尚的道德有着直接的关系。

道德在一个人的成长中具有重要的作用，纵观古今中外的伟人，我们可以发现这样的规律：高尚的道德形成高尚的品格，高尚的品格形成高尚的事业，高尚的事业形成高尚的命运。而相反的，没有高尚的道德便没有高尚的品格，没有高尚的品格便没有高尚的事业，没有高尚的事业便没有高尚的命运。这是个颠扑不破的真理。

改革开放以来，我国的社会生活发生了翻天覆地的变化，社会也进入转型期。但在此期间，道德滑坡的现象却越来越严重，人心不古的叹惜声也不绝于耳。有的商人勾结，为非作歹，欺行霸市，恃强凌弱，强买强卖；有些官员习惯于弄虚作假，欺上瞒下，沽名钓誉，编造政绩；有些部门敲诈勒索，索贿受贿，巧立名目，搜刮民财，雁过拔毛，虎过留皮，吃拿卡要，折腾百姓；有些人好吃懒做，怨天尤人……这种现象成为社会的重要问题，影响着我们的价值观，影响着我们对幸福的感受。

孩子们是祖国的花朵，也是未来社会的主人翁。要想让未来的社会道德明显地好转，就需要父母们负起责任，引导一个个孩子成长为道德高尚的人。

孩子的健康成长是每个父母的心愿，但要想让孩子健康地成长，除了为孩子供吃、供穿、供学习之外，父母还应该时时注意为孩子增加一份精神营养，给孩子以良好的道德品质教育。对孩子的道德教育，不仅仅要靠学校、靠社会的宣传，更要靠孩子的父母，把它实实在在地落实到实际行动上，落实到每一件小事上。

古语说："见贤思齐焉，见不贤而内自省焉。"孩子们自己也应该不断加强自己辨别是非的能力，努力做一个正直的人、谦逊的人、乐于助人的人、道德高尚的人。

钱君匋原名玉棠，原籍浙江海宁。他在文学艺术上多才多艺，是当代著名书画篆刻家、书籍装帧家、音乐家和美术教育家。

钱君匋二十岁刚刚出头，就已经小有名气。他在开明书店任美术音乐编辑，进行书刊设计，作家、杂志社、出版社委约不断。他所设计的封面风格多样，美观大方，很快就有了"钱封面"的外号，其炙手可热之程度，由此可见一斑。

新中国成立初期，钱君匋开始大量收集鲁迅的笔名，并将这些笔名刻成印谱。他的工作很勤勉，经过长期的收集、整理，终于于1974年完成了第一套鲁迅印谱。当时"四人帮"

横行，造反派将钱君匋的工作定性为"封资修妖风复辟"，对他进行大肆的批判，并搜走了他的印谱。

但是钱君匋却并未屈服，为了免受打搅，他改在半夜工作。为此，他也付出了沉重代价：视力大大减退，几乎处于半盲状态。"文化大革命"结束后，他的第二套鲁迅印谱也终于完成。两套印谱合为《钱刻鲁迅笔名印谱》一书出版，为鲁迅研究和印谱艺术的发展添上了浓浓的一笔。

钱君匋还是个很宽容的人。1985 年，已经 80 岁高龄的钱先生应安徽省政协邀请，同著名画家唐云、吴青霞、乔木、张雪父等从上海来合肥参观访问和进行学术交流，都下榻在稻香楼宾馆。

稻香楼附近有一家新建的庐阳饭店即将竣工开业，听说钱先生在这里，庐阳饭店就专门派了一位工作人员到钱先生的住处，请钱先生题写横幅"庐阳秀色"作为大厅装饰之用。钱先生慨然允诺，当即挥毫书就。

横幅写成之后，由于墨迹没干，钱先生就把墨宝放在了会议室里等待风干。结果午饭回来的时候，这个横幅却不知道被谁顺手牵羊拿走了。饭店方面知道了之后非常重视，要求追查，钱先生却笑着说："不必了，他喜欢就让他留着吧，我再写一幅。"其大度容让和与人为善的品德可见一斑。

另一位钱氏族人的高尚道德也令人赞叹，她就是著名水利学家钱正英女士。

钱正英是共和国屈指可数的女部长之一。她 19 岁就从上海大同大学土木工程系毅然投笔从戎，参加了新四军。新中国成立后，她从 1952 年起担任国家水利部副部长、部长，风风雨雨几十年，祖国的山河大川几乎无处不留下她的足迹、心血和汗水，真可谓殚精竭虑，功勋卓著。

然而，当《共和国部长访谈录》的作者马国川采访她时，耄耋之年的钱正英没有谈自己的"功"，而是讲自己的"过"。她说："我过去主持水利部工作，犯了一个错误，只注重社会经济用水，没认识到首先须保证河流的生态与环境需水；只研究开发水源，而不注意提高用水的效率与效益。这个错误的源头在我。"卸任水利部长多年后，新疆塔里木河断流，钱正英坦言："这不是现任水利部长的责任，是我当时的责任。"

除了心怀坦荡、勇于担当之外，钱正英还是一个至情至性、铁面无私的人。面对社会上出现的各种形式主义的学术论证，她非常气愤，多次指出："这样的论证等于不论证。"

还有一次，她曾给某杂志社撰文称："我们这么大年纪的老党员，最忧患的就是共产党变腐败。"并说，对共产党来说，内部的腐败是今后最具威胁的敌人。这句话在公开发表时被删去了，她知道之后就专门去信询问，并说"如果连这句话都不敢刊登，就是腐败的开始"。其至情至性，快人快语，让人敬佩。

钱君匋先生和钱正英女士，都以个人的道德感动了周围的人。他们或胸怀坦荡，或兢兢业业，或勇于承担，或心系家国，堪称一个时代的楷模。

东汉著名科学家张衡说："不患位之不尊，而患德之不崇；不耻禄之不伙，而耻智之不博。"唐代诗人李白有诗句云："土扶可城墙，积德为厚地。"道德从来都不仅仅是嘴上传颂的虚与委蛇，而是实实在在的行动与实践。

一个人有德无才，只能是一个平庸的"好人"，而有才无德的人，则让人感到可怕。丧失道德底线的人虽然不多，可一旦他们掌握了权力跟财富便会贻害无穷。因此，不管什么地方，不管什么年代，道德的教育都应该是放在第一位的。

比尔·盖茨在一次接受访问时曾经说过：一个人是否能成才成功，智力因素往往仅占20%，另外起作用的80%却是道德因素。在他看来，良好的品德是成功因素的重要组成部分。如果忽略了品德培养和健康人格的构建，就容易出现一些智商很高、成就很小的人，甚至有的智力优秀的人成了"歪才""邪才"。而那些真正伟大的人，都是道德与智慧并存的。

现在的社会已发生了日新月异的变化，新科技、新思想、新观念，无时无刻不在冲击着我们这个社会的传统道德，需要我们不断坚守道德的阵地，才能适应这个变化越来越快的世界。

作为父母，请无论如何也要明白一点：没有优秀的道德品质，没有良好的行为习惯，一个品德低下、性格扭曲的孩子是很难成长为高素质、高水平人才的。只有养成好的道德习惯才是孩子的立身之本，才是孩子走向成功之路的第一张人生通行证。

那么请所有的父母都为孩子树立一个好榜样：规规矩矩做人，勤勤勉勉做事。

第 2 篇

家庭——吴越钱家，家规良好

第 19 讲

秩序——欲造优美之家庭，须立良好之规则。
内外六间整洁，尊卑次序谨严

《钱氏家训》有言："欲造优美之家庭，须立良好之规则。内外六间整洁，尊卑次序谨严。"这句话的意思是说，想要家庭幸福，就必须建立良好的家规。家的里里外外都要干净整齐，长幼尊卑的次序也一定要严格遵守。这句话强调了秩序的重要意义，对孩子们来说，可以大致理解为要守纪律。

这句话中的"六间"指的是家族聚居的地方，"尊卑"指的是家里的主仆之间的关系。虽然这两者在今天已经失去了原有的价值，但是重视秩序这一点还是值得我们认真思考的。

家训是指对子孙立身处世、持家治业的教诲，它是中国传统文化的重要组成部分，也是家谱中的重要组成部分，它在中国历史上对个人的修身、齐家发挥着重要的作用。

在我国古代，聚族而居的现象很普遍，因此，家训的作用非常大。从汉朝时候开始，家训就开始变得越来越丰富。有些有名的家族家谱中所记载的许多治家教子的名言警句，成为广为关注的治家良策，也成为"修身""齐家"的典范，其中的不少格言警句在今天仍具有指导意义，如"一粥一饭，当思来之不易"的节俭持家思想，到现在仍为大多数家庭所坚持。

家规和家训都是强调整饬的秩序，"内外六间整洁，尊卑次序谨严"说的也是秩序的问题，只是更加微观。

　　秩序又称有序，与混乱、无序相对应。秩序总是与一致性、连续性和确定性等特征相联系，表现为有序的状态。比如每件物品都有一个位置，每件物品都在它的位置上，这就是秩序。而对于社会来说，每一个人都有一个位置，每一个人都在他应有的位置上，这也是秩序。

　　在我们生活的周围中，秩序无处不在。每天早上，公交车开始按照固有的间隔一趟趟地发车，公路上的车辆和行人虽多，但都按照红绿灯的要求在有秩序地运转。可想而知，一旦失去了秩序，我们的生活将会是什么样子。

　　在我国古代，秩序的维持是通过硬性的法律和隐性的礼来实现的。从个人到家庭，从社会到国家，从生产到生活，从言论到行为，无不为礼文化所包容、所调整。秦砖汉瓦，编钟乐舞，宫室殿庭，天坛圜丘，是礼的物质遗存；汉唐明清的众多礼典是礼的精神遗存；事长以礼，尊师以礼，是礼的规范遗存。这些礼与各种法律一起维护着社会的基本秩序。

　　进入到现在，秩序开始越来越多地靠法律来维持。不过随着个性解放和追求自由的风潮越来越强烈，自由与秩序之间的关系也变得越来越紧张了。一些人觉得，自己要是太维护秩序，就会让自己的自由受到损害，其实这是把自由和秩序过分对立起来的结果。

　　父母要想使自己的孩子成长为一个守纪律、有作为的孩子，就要让孩子明白秩序与自由之间密不可分而又相互依存的关系，让孩子们理解：自由是在一定的秩序之内才可以存在的，如果没有秩序的约束，将无自由可言。

　　钱永刚是我国著名科学家钱学森的长子，他长期从事计算机应用软件系统的研制工作，是高级工程师、上海交大兼职教授。

　　钱学森和夫人蒋英对孩子的教育非常严格，当然，这种严格的教育多数都是通过言传身教来实现的。钱永刚在接受记者采访时曾说："如果说我们家有什么教育秘诀的话，那就是'不教育'。我们家要说'言传'，几乎没有，主要靠'身教'。"

事实正是如此，钱学森为国家的科技事业做出了巨大的贡献，可是他本人却一直穿一件黄色的军装，外面披着黄色的大衣。他的衣服虽然很旧，但是却非常干净。他的书房也是如此，不但干净，而且整饬有序，很少出现东西找不着的时候。

航天工业部财务司前任司长亓英德回忆说，钱学森是很有生活情趣的人，喜欢听古典音乐，家里收拾得干干净净。"钱老每天早上起来打扫卫生，还会自己刷马桶。"

有一次，家里的炊事员很郑重地对钱永刚说："你父亲是个有学问有文化的人。"接下来炊事员所说的一番话让钱永刚印象尤为深刻。他说："你看你父亲每次下来吃饭，都穿得整整齐齐，从来不穿拖鞋、背心。这是他看得起咱、尊重咱！"这番话让钱永刚感慨万分。

在钱学森夫妇的影响下，钱永刚也养成了重视秩序的好习惯。他和父亲一样，一直保持着吃饭要穿戴整齐的习惯。钱永刚还非常勤劳，从很小的时候，就每天都会打扫楼前的空地，早晚各扫一次。

钱学森夫妇严格的家教，对钱永刚的健康成长可以说是居功至伟。

《钱氏家训》作为钱家先祖后唐时期吴越国王钱镠留给子孙的精神遗产，对钱氏家族的后人来说可以说是无价的宝典。这篇家训分个人篇、家庭篇、社会篇和国家篇，教导一代又一代的钱氏族人修身、齐家、治国。可以说，《钱氏家训》不只是钱氏后人的行为准则，更是留给每个中国人的宝贵精神遗产，是我们每一个中国人都应该认真学习的成长训言。

而钱氏族人自己对《钱氏家训》更是推崇备至。钱永刚有一次在接受记者采访的时候，还特意说起了自己名字的来历。他告诉记者，由于钱家支脉较多，故曾有家规，从第30代孙起启用家谱———"继承家学，永守箴规"，而这八字箴言也因此成为钱学森一家的家训。"永健（钱氏族人，2008年诺贝尔化学奖获得者）的子女，至今还都是按照这个原则来命名的。"由此可见《钱氏家训》在钱氏族人心目中的地位。

中国现代著名史学家钱穆先生幼时家贫，就是赖以《钱氏家训》，才得以读书识字。1895年，钱穆出生于七房里的长房——"五世同堂"之家。无锡钱氏有条家规：良田十万亩，每房儿子，均可分得一万亩；有了孙辈，则从各房儿子的土地里再分，代代沿袭。

由于人丁兴旺，到钱穆的父亲钱承沛时，"五世同堂"之家已日益贫寒。但是族人遵照《钱氏家训》的教导，对他们家进行提携，钱穆才实现了自己的启蒙教育，并进一步成长为史学大家。

钱学森和蒋英夫妇对孩子的教育之所以成功，可以说正是家规和家训的巨大影响使然。他们保持家庭整饬洁净的做法，也正是遵从秩序的表现。

自由和秩序就像天平的两端，自由过多，秩序就会变得混乱；而假如秩序那一头"管"得紧，人们的自由感就会相应减少。所以在自由与秩序之间，必须寻求必要的平衡，尽量做到两全其美。

而从单个人来说，同样也要寻找守纪律和发挥自己个性之间的微妙平衡。

科学研究表明，孩子在出生后的几个月内，就会进入秩序感渐增的时期。很多父母会发现，自己的孩子常常有喜爱整齐的倾向。孩子们尽管年龄小，无法用言语明确表达自己的意思，但是如果将他们置身于混乱之中，他们也会经常表现出痛苦的情绪。可以说，孩子们比大人更容易察觉秩序的混乱。

因此，父母应当抓住这个契机，尽可能多地培养孩子的秩序感和纪律性。如果孩子从小就能养成重秩序、守纪律的习惯，那么就会像拥有坚固地基的建筑物一样，能够在将来的成长过程中构筑稳定的人格。

虽然秩序不代表善良，却是通往善良的必经之路。因此，人生初期的秩序感很重要，它将对孩子的一生造成影响。

俗话说："没有规矩不成方圆。"父母要让自己的孩子守纪律、有秩序，就要从他们的日常生活抓起，要通过家庭的日常生活让孩子懂得，任何事情都有一定之规。在家里要让孩子知道，家里的各种用品、物件都有固定的摆放位置，每次使用后要物归原处；每日的饮食起居要有规律，要按时就寝和起床，按时进餐。

对孩子加强纪律教育，要懂得提高孩子遵守纪律的自觉性，这种自觉性有利于孩子个性的充分发展和整体素质的提高，对孩子的学习也能起到较大的促进作用。不少孩子就是因为纪律观念淡薄，迟到、旷课，最后才导致丧失学习积极性，成为落后生，甚至走上违法犯罪的道路。因此，家长一定不要放松对孩子进行守纪律、有秩序的教育。

第20讲

亲爱——父母伯叔孝敬欢愉，
妯娌弟兄和睦友爱

《钱氏家训》有言："父母伯叔孝敬欢愉，妯娌弟兄和睦友爱。"这句话讲的是家庭成员之间的相互关爱，相互体贴。这对一个家庭的幸福和发展来说是至关重要的。孩子们要明白，家庭是人一生的栖息地，在这个栖息地，人们可以获得心灵的宁静。一个和睦的家庭，是事业发展的坚实后盾。

家是什么？家是一副重担，家是一份责任，它是我们人生的驿站，也是我们生活的乐园，更是我们避风的港湾。家又是一个充满亲情的地方，无论你是在天涯，还是在海角，只要一想到家，就会有一种亲情感回荡在心头。所有的人都有亲人，离不开亲人，而亲人就在家中。

每当夜幕降临，在外奔波了一天的人们，肩负着事业的重压，拖着疲惫的身躯所迈进的都是自己的家门。望着家人亲切的笑脸，闻着饭菜香味扑鼻，这才是人生最美好的。

可是对很多人来说，要得到和睦幸福的家庭是不容易的。什么原因呢？对于家庭来说，清早开门七件事：油盐柴米酱醋茶。这个问题不解决就要闹矛盾、要吵嘴，这是必然的。此外，还有家人之间的兴趣爱好不同、看问题的方法不同，都会引起这样那样的矛盾。

同时，夫妻双方来自不同的家庭，妯娌之间、连襟之间的矛盾自然就更不可避免，这些都需要家人用诚信友爱这根链条来连接、维持。如果淡薄或缺少了友爱，家就像一幢高楼基础没有夯实，随时有倒塌的可能。

现在的社会里，独生之女占很大一部分。尤其是城市里，独生子女差不多是绝大多数。他们先天缺乏与兄弟姐妹互相关爱的环境，因此很容易养成娇气和任性的个性。由于独生子女受众人的疼爱和照顾，也容易产生唯我独尊的心理状态。

过去有血缘关系的才叫亲，但现在夫妻对方的血缘也算在内。独生子女们虽然没有自己的亲兄弟、亲姐妹，但是父母却往往有很多兄弟姐妹，所以"家人"还是很不少的，七大姑、八大姨需要应酬，堂兄弟、表姐妹需要联络感情、和睦相处。

一个和睦的家庭，就像一个美丽的花园，妯娌之间、亲戚之间等的和睦关系不可或缺。彼此之间建立起互相尊重、爱惜、和睦的关系，这是享受家庭之爱、家庭之美的先决条件。因此，父母必须对独来独往惯了的独生子女加以教导，引导他们明白家庭和睦、亲戚和睦的重要性，让他们学会关爱家人，懂得隐忍谦让。这个事情必须从小就做，只有这个基础夯实了，才能使家庭始终处于温馨、和睦、互敬互爱的氛围中，幸福的花朵才会永不凋谢。这是一种令人陶醉，让人舒心的境界。

钱家是个大家族，钱学森的父母辈兄弟姐妹很多，因此钱学森的堂兄妹、表兄妹也非常多，他们之间相处都很融洽。与钱学森接触最多、走得最近的，则是他的堂弟钱学榘，两人关系之密切简直不亚于亲兄弟。

钱学榘，1914年出生于杭州，比钱学森小三岁。钱学榘的父亲钱泽夫，跟钱学森的父亲钱均夫是亲兄弟。钱学榘是独生子，正值上学的年龄，却遭遇家道中落，这样一来，连学费也成了问题。

作为钱学榘的叔叔，钱学森的父亲钱均夫就负担起了钱学榘姐弟的学费。钱学森和堂姐、堂弟一起读书学习，相处非常愉快。

钱均夫对钱学榘非常关爱，视如己出。钱学榘对得之不易的读书机会十分珍惜，学习也还算上进。因此平日里，钱均夫在钱学榘面前话语不多，只有在关键的时刻，才会用三言两语关键的话，激励他加倍努力，催促他上进。

　　钱学森、钱学榘这一对堂兄弟之间不但关系很好，而且连学历都非常相似。由于钱学森年长于钱学榘，所以钱学榘几乎是前脚后步追着钱学森的步伐，沿着和他差不多的步伐一路走来。大略看起来，就仿佛是钱学森的"影子"。

　　1931年8月，年仅17岁的钱学榘在杭州安定学堂毕业之后，考取了浙江大学，在考生中总分排名第十一。这个成绩按说已经很不错了，浙江大学的校长是钱均夫的朋友，他得知这个消息，很是兴奋，急忙打电话给钱均夫，向他表示祝贺。

　　可是，钱均夫却对钱学榘说："你考取的只是浙江大学，你森哥考取的可是交通大学呀！"当时，交通大学的声望在浙江大学之上，因此，钱均夫的这句话使钱学榘干脆放弃了浙江大学。

　　恰好交通大学的招生在浙江大学之后，于是钱学榘就赶往上海报考。考试十分顺利，他以总分第四名的好成绩考取了交通大学，仅比当年钱学森考入交通大学时候的名次低一名。

　　就这样，钱学榘在交通大学攻读机械专业，成了钱学森的校友。两人在学习上相互切磋，相互鼓励，共同进步。1934年，钱学森毕业于交通大学，考取清华大学留美公费生，于1935年前往美国，入读麻省理工学院航空系。

　　一年后，钱学榘以总平均89.87的高分毕业于交通大学，名列全校总均分第一名，此后就在清华大学当助教。钱均夫又对钱学榘说："你在清华教书当然不错，可是你森哥到美国留学了。"

　　钱学榘受到激励，干脆去报考清华大学留美公费生，而且同样报考航空专业。就这样，钱学榘在众多的竞争者中脱颖而出，于1936年赴美，跟钱学森一样，进入麻省理工学院航空系，兄弟俩又成为校友，而且还在同一个系。

　　兄弟二人相互提携、相互关爱、相互激励的故事在人们中间传为美谈。后来，钱学榘获得麻省理工学院航空工程博士学位后，一直在美国从事航空研究，成为美国波音公司高级工程顾问。

1949 年，钱学森曾经劝说钱学榘回到中国，但钱学榘出于理念上的差异，决定留在美国，并加入了美国国籍。钱学森回国之后，由于中美关系不好，两人之间的交流也很少了。但是兄弟之间的情谊却没有减少。

1979 年，钱学榘和夫人李懿颖、长子钱永佑以及长媳回中国，给父母上坟。他们来到北京的时候，钱学森前往钱学榘下榻的华侨饭店看望钱学榘一家。亲戚之间多年未见，彼此相见甚欢。

钱学森和钱学榘兄弟二人的关系不但在于生活上的亲密无间、提携友爱，更在于学业上、事业上的相互鼓励、共同发展。他们之间的关系为人们处理家庭关系、亲戚关系树立了一个很不错的标杆。

温家宝总理和网友畅谈的时候谈起自己的家庭，说道："我和大家一样，也有一个家，上有 90 多岁的父母，下有儿孙。我觉得最遗憾的事情，就是我和家人团聚的时间太少……但是我还是希望全家人一起吃顿饭，在吃饭时听孙子给我讲脑筋急转弯的题目，我经常比不过他。我也愿意在他们过生日的时候，看他们唱唱歌、跳跳舞。我和大家一样，是个恋家的人。"对家庭的爱，对家庭成员的爱，为我们提供了精神的寄托，让我们找到精神栖息的乐园。

伏尔泰有这样一句名言："对于亚当而言，天堂是他的家；然而对于亚当的后裔而言，家是他们的天堂。"这句话未必正确。家庭成员之间互相关爱、和睦相处，家就是天堂；而如果彼此之间不懂体谅、恶语相向，家倒不如说是地狱。

因此，"家庭和睦"是人人追求的。家庭和睦的基础是一家人合理地分工协作、各人尽自己的责任与义务、互相尊重、信任和体谅等。只有正确的共识，才能产生健康的和睦。

很多人都说：公说公有理，婆说婆有理，让外人真的无法分辨真伪，因此家是一个最不讲理的地方。这不是一句随随便便说出的话，在很多时候确实是实情。因此，父母要让孩子明白：家家有本难念的经，想要做到家庭和睦、家庭成员之间相处甚欢，并不是一件容易的事，需要学很多东西，讲究很多艺术。

宋代有个很多世代都不分家的大家族，得到朝廷的旌表。皇帝问家长，如何做到家庭和睦的？家长没有答话，用笔在纸上写了一百个"忍"字——百忍成金。家庭要想和睦，宽容和谦让不可或缺。中国自古就讲究"家和万事兴"。没有矛盾是不可能的，因此家庭成员之间都得有谦让宽容之心。孩子们从小就要明白这个道理，不能只是以我为中心，唯我独尊。

和睦的家庭是父母送给孩子最好的礼物。父母更应当以身作则，以宽大的胸怀对待丈夫的家人、妻子的家人，处理好婆媳关系、妯娌关系、连襟关系，为孩子树立一个良好的榜样，让孩子成长为一个懂得家庭价值、维护家庭和睦的人。

第 21 讲

传承——祖宗虽远，祭祀宜诚。
子孙虽愚，诗书须读

　　《钱氏家训》有言："祖宗虽远，祭祀宜诚。子孙虽愚，诗书须读。"这句话的意思是说，祖宗虽然已经远离我们，但是在祭祀的时候也一定要心诚。即使子孙的天分不高，资质不好，也一定要让他们读诗书。这句话的意思有两个方面，一方面是说如何对待祖宗和先辈，另一方面则是说如何教育下一代，两者合在一起，说的就是家族的传承关系。

　　现在，祭祖的仪式已经不是那么隆重了，但是我们还应该保持对祖先的尊敬。这里着重说一说"子孙虽愚，诗书须读"的教育问题。诗书是古代人教育的主要内容，放在今天来说，就是要重视子孙的学习，要加强对子孙的教育。孩子们要明白学习的重要性，养成自觉学习、热爱学习的好习惯。

　　古人云："书犹药也，善读之可以医愚。"学习的重要性不言而喻。只有不断学习，文化才能不断传承。具体到一个家庭来说，诗书传家的家庭传统就显得无比重要了。"忠厚传家久，诗书继世长"这句流传甚广的名言，告诉我们对子女的家庭教育是何等重要。因为，每一个人的成长，都起源于家庭，不管走多远，家庭的影响往往在你身上若隐若现，伴随一生。只有父母对子女的教育重视起来，才能让子女走向成功。而这种传统不断延续，就是重视子女教育的良好家风。

　　自古以来，我国的很多家庭就有重视教育的良好家风。比如历史上的江浙一带，"诗书传家"几乎是许多家庭的内在动力，一些著名的家族应运而生，钱氏家族最为著名。这些家族中的人才优势，往往孕育于家族文化的丰厚土壤。"欲高门第，需要行善""诗书经世文章，孝悌传家根本"。家庭文化氛围就这样成为一代又一代人成长的重要支柱。

从小的方面来说，对子女教育的重视关乎孩子以后的成长，关乎一个家庭、一个家族的兴衰走向；从大的方面来说，家庭对子女的教育则关系着国运和民族的兴亡，这绝不是危言耸听。就现在来说，教育对于建设现代文明的国家几乎意味着一切。尤其在知识经济的时代，教育决定了国民素质的高低，也决定了国家竞争力的强弱。

父母须知，今天的孩子就是明天的主人，孩子的教育和发展是提高人口素质的基础，关系到国家和社会的前途命运。提高全民族的素质，对每一个家庭来说都有不可推卸的责任。家庭是社会的细胞，有了健康的细胞，才能有健全的肌体，细胞有病，就会引起肌体发病。因此，子女教育的重要性不可小觑。作为父母，一定要充分了解家庭教育的重要性，自觉地重视起对孩子的教育工作，尽好家长的责任与义务，这是一个家族得以兴旺的前提条件。

孩子们也要认识到，学习是人生的一大幸事和追求。学无涯，思无涯，其乐亦无涯。只有学习新知，探索未知，才能提高自己的素质和能力，成为与时俱进的现代人，这个基础从小就要打好。

钱三强 1913 年 10 月 16 日生于浙江省绍兴县，他的父亲是我国现代著名的语言文字学家钱玄同。

钱氏家族一向对教育非常重视，钱玄同更是如此。钱玄同是五四新文化运动时期的主要干将，他在"五四"前后，先后出任北京大学、北京师范大学的教授，还担任《新青年》的编辑工作，是当时的风云人物。

钱玄同号召别人破除旧思想、旧道德，在自己的家庭内部也坚定不移地实践这一思想。他常向儿子钱三强灌输民主与科学的新思想，告诉他时代是往前的，督促他对社会要有改革的热情，要用学到的知识技能去改造社会。

为了让孩子从小体验"改造社会"的艰辛，钱玄同带着 6

岁的钱三强一起参加了"五四"运动中的游行。父亲的言传身教在钱三强幼小的心灵里，早早地播下了反帝反封建思想的种子。

虽然钱玄同在古文字学和音韵学方面很有造诣，但是钱玄同对孩子的教育却没有强制性的规划。钱三强中学快毕业的时候，好多人对钱玄同说："你是搞语言文字的专家，名气又大，应当叫三强接你的班。"可是钱玄同笑笑说："那要看孩子的态度和兴趣！"

他对钱三强说："你将来学什么，我不包办代替你的主意，由你自己去选择。但是一个人应当有科学的头脑，对于一切事物，应当用自己的理智去分析，研求其真相，判定其是非，然后定改革的措施。"

正是这种不强制、不包办的教育态度，让钱三强可以根据自己的爱好和兴趣去选择自己未来的发展方向。当钱三强告诉父亲说自己要学习工科的时候，钱玄同欣然同意。

钱玄同不但在对未来的选择上给了孩子很大的自由度，而且也懂得抓住合适的时机对孩子进行鼓励，加强引导。钱三强中学的时候进入北大预科班，由于以前没有英语基础，学习起来非常吃力。

钱玄同怕他打退堂鼓，及时鼓励他说："目标既然确定了，就应当用艰苦的劳动去实现自己的理想。你是属牛的，克服困难要有一股牛劲！"钱三强很受激励，坚定地说："爸爸，你放心，我会把牛劲使出来的。"后来，钱三强果然使出了牛劲，如愿以偿地考取清华大学，攻读物理。

从清华大学毕业之后，钱三强获得了公费出国留学的机会。可是在出国前夕，钱玄同却染上了重病，钱三强为此踌躇不决。这时候，钱玄同又激励他说："你学的科学，将来对国家有用，你还是出国好好学习吧！别忘记，你是属牛的，要拿出一股牛劲来！"钱三强这才下定了决心，远赴巴黎求学。

钱玄同对钱三强的教育方式是钱三强受用一生的宝贵财

富。钱三强做了父亲之后，对孩子们的教育也差不多采用了相似的办法：为孩子灌输正确的价值观，让他们自己选择自己的路，在关键时刻给予激励和帮助。

在他的教育下，他的孩子钱思进也获得了斐然的成就。钱思进毕业于清华大学，后来在北京大学物理学院任教授。他在实验高能粒子物理、网格计算在高能物理中的应用等领域取得了卓越的成就。

钱氏家族对孩子的教育异常重视，诗书传家、教育立身的理念影响了一辈又一辈的钱氏族人。不管家境多么困难，不管世事怎样变化，加强对孩子的教育和引导，这是大多数钱氏人家的选择。在这方面，我们从钱玄同、钱三强、钱思进一门三代的教育传承中不难看出端倪。

清朝名臣钱陈群幼年丧父，母亲陈书每天晚上督促孩子们在油灯下读书，自己则借着油灯的光在旁边纺纱搓麻。许多年之后，钱陈群请人画了一幅《夜纺授经图》，描绘当年夜深人静时，母亲一边纺纱，一边教子读书的情景。钱陈群为此画题诗，记述了母子俩的对话：

妈妈，我又饿又冷，一天到晚读书，既不能当饭吃又不能当衣穿。

你不想读书，就好比我不愿纺织，女人不纺织会让人瞧不起，孩子不读书会让人惋惜。做人的道理就像纺织，千丝万缕，一旦错了就很难理顺。

钱氏家族对孩子教育的重视可见一斑。与此相似，史学家钱穆、科学家钱伟长小的时候家里都很贫穷，但是家里人却没有因此而让孩子放弃读书。

对于任何一个时代来说，教育都是通向成功的途径。在今天的社会中，受教育程度和收入水平之间更是存在着直接关联，据统计，一个高中毕业生一生大约要比一个初中毕业生多挣 10 万美元，一个大学毕业生要比一个高中毕业生多赚 25 万美元。

犹太人的智慧世界闻名，他们看重文化，也非常重视子女的教育。在美国的犹太人中有 84% 的人念过 4 年高中，有 32% 的成年人受过高等教育。犹太人父母告诉孩子，没有人是贫穷的，除非他没有知识。中国父母也应该让孩子知道知识是唯一可以终生携带且享用不尽的财产。

我们经常听到一些父母说这样的话"就是砸锅卖铁也要供孩子读书"，这简单的话语常使人非常感动，这也是"子孙虽愚，诗书须读"的最朴素的表达。可是我们在现实中也常常看到一些令人不安的现状：一些家长不重视孩子的学习，尤其是一些发了大财、做了大官的父母，他们觉得自己完全有能力为孩子的后半生做出圆满的安排，孩子即使不学习，也照样可以衣食无忧地过一辈子。这样的家长对孩子的学习不闻不问，只是一味满足孩子的物质欲，看似宠爱孩子，实际上到头来则是害了孩子。

当今社会是一个科学技术日新月异、处处充满科技的社会，学习知识成了社会生活的头等大事。显然，没有知识，在社会上是寸步难行，很难立足于这个社会，更不要说服务于社会，对社会有所作为了。

重视子女教育和孩子的学习，任何一个人都不可能置身事外。父母妄图通过自身的努力为孩子安排一个衣食无忧的后半生，结果只能是徒劳。只有树立起重视教育的家庭理念，让孩子从小养成爱好学习的习惯，他们才能在以后有所作为。

第22讲

娶妻——娶媳求淑女，勿计妆奁

《钱氏家训》有言："娶媳求淑女，勿计妆奁。"意思是说，在娶妻的时候，应当重视对方的人品和才学，如果这些足够优秀，不要计较需要花多少钱。

人们常说，一个男人的终极品位在于选择妻子，因为选择了什么样的妻子就等于选择了什么样的人生。俗话说得好，女怕嫁错郎。这句话反过来说也一样正确。苏格拉底说"一个凶恶的女人能造就一个哲学家"，那是他的自嘲，不过也确实从侧面说明了一点：每一个女人都是一所学校，对于男人来说，选择什么样的女人做自己的人生伴侣，是件必须慎之又慎的事。

其实，男人选择妻子的眼光才是一个男人最终极的品位，选择一个什么样的女人做自己的妻子，从某种意义上决定了你为自己选择了怎样的生活。女人美丽的外表就像炫人眼目的广告，遮蔽了很多人的眼睛，可是须知：生活终究不是广告。年少的时候，或许曾迷惑于外貌的绚丽，可是随着日子的流逝，渐渐地，一个好妻子才能扎根到生活中。一句话：择偶，是门大学问。

对于男人来说，如何选择自己的伴侣很重要。对于父母来说，如何帮助儿子树立正确的女性观，这一点也非常重要。

不可否认，女性的美貌对男性来说是有相当吸引力的，尤其是在当今的社会上，外表漂亮的女性很受欢迎，也很"吃得开"，往往处于众星捧月的地位中。一些有地位、有钱财的人也愿意选择漂亮的女人为自己"装门面"，可是，外表毕竟只是外在的东西，至于内在的品质才是最宝贵的财富。俗话说："心美则貌美，心恶则貌恶。"这的确是个真理。因此，父母应该让孩子明确这一点，让他们知道：选择自己伴侣的时候，应当选择那些人品好的人，一旦遇到这样的人，即使花费再多心力、财力去追求，也应当在所不惜、无怨无悔。

钱谦益，字受之，号牧斋，是明末清初散文家、诗人，也是明末文坛的领袖，与吴伟业、龚鼎孳并称为"江左三大家"，瞿式耜、顾炎武、郑成功等人都曾是他的学生。而柳如是是浙江嘉兴人，她本来叫杨影怜，后改姓名柳隐，因读到辛弃疾的词"我见青山多妩媚，料青山见我应如是"，故自号"如是"，又称"河东君""蘼芜君"。

柳如是是明清易代之际的著名歌妓与才女，由于她美艳绝代，才气过人，被列为"秦淮八艳"之首。她聪慧好学，但由于家贫，幼年就被卖到盛泽归家院名妓徐佛家为养女。成年之后，她不但出落得楚楚动人，而且在音律、绘画、书法、诗词方面也负盛名，有人认为她的尺牍"艳过六朝，情深班蔡"；评论她的画"娴熟简约，清丽有致"；赞赏她的书法"铁腕怀银钩，曾将妙踪收"。不但如此，柳如是的个性也非常坚强，她为人正直，有着强烈的爱国民族气节。明王朝面临危难之际，她尽全力资助和慰劳抗清义军，为反清将士呐喊助威，深得当时人的推重。虽然当时很多人都竞相结交她，但是柳如是不为所动，希望寻找到能够托付自己终身的人。

钱谦益本是明末东林党人，一向素有学名和人望。崇祯十一年（1638年），本是礼部侍郎的钱谦益被朝廷免去了官职，在原籍常熟居住。柳如是久闻钱谦益的大名，就以一身儒生的打扮来拜访钱谦益。钱谦益看到名片后，本不想见面，后来看到柳如是写的诗，才知柳如是才气非凡。

钱谦益邀请她至府中的半野堂，以诗文酒宴热情款待这个具有仪容、才智和风情的才女，两人相谈甚欢，非常投机。柳如是大胆地献诗表白心迹。她写道："声名真似汉扶风，妙理玄规更不同。一室茶香开淡黯，千行墨妙破冥蒙。竺西瓶拂因缘在，江左风流物论雄。今日沾沾诚御李，东山葱岭莫辞从。"在诗中，她表达了自己倾慕钱谦益的心思，以愿作捧瓶持拂供奉菩萨的侍女，表示了对他的崇拜爱慕，愿意和他共结秦晋之好。

虽然柳如是出身不好，而此时的钱谦益名动天下，但是他目睹柳如是不同凡俗的谈吐，为之倾倒。他没有想到，在自己仕途潦倒之际，竟然能够得此知己，不禁惊喜万分，当即应允，还称赞她"佳人那得兼才子，艺苑蓬山第一流"。他重为柳如是摆酒接风，令家人在他家的"拂水山庄"附近另筑新室，以柳如是的"我闻居士"之号，将新室题为"我闻室"，让柳如是暂时居住。

崇祯十四年（1641年）六月，钱柳两人称心如意地如期举行隆重婚礼，这时候钱谦益59岁，柳如是22岁。

他们结合的消息引起了文人学士的大加鞭挞，社会上的绅士也"哗然声讨"；官吏斥之"大逆不道"。然而钱谦益认准了自己的选择，丝毫不为所动。他们婚后伉俪情深，琴瑟相谐。两人共同静心读书，参加一些活动；谈诗论词，藏书写文。

明末清初的社会大变革让钱谦益在政治上的地位也起起落落、曲曲折折，但柳如是始终不离不弃，帮助自己的丈夫出主意想办法。他们常离了城里，住到白茆红豆山庄，每当红豆树"春来发几枝"，钱谦益总要广发帖子邀请诗坛名流到红豆山庄集会，其时"白花如珠，幽香浮动"，雅士云集，诗文绚丽，成为文坛盛事，红豆山庄也因此声誉愈隆。

清康熙三年（1664年），钱谦益在贫病中死去，时年83岁。他的学生黄宗羲感慨他的才华，为他写下了《八哀诗·钱牧斋宗伯》，开首的第一句是"四海宗盟五十年"，的确是钱谦益文坛地位的典型概括。

钱谦益死时，柳如是还不到五十岁。乡里族人聚众欲夺其房产，柳氏为了保护钱谦益的产业，吮血立下遗嘱，然后解下腰间孝带悬梁自尽，而此时距钱谦益去世仅两个月。

钱谦益晚年结识柳如是，看准了柳如是的才华和品质，不顾世俗流言，毅然与柳如是结合，留下了为人传颂的美谈。而柳如是也确如他所愿，终生对他不离不弃，至死不渝。钱谦益特立独行的爱情行动引人深思。

俗话说：一个成功男人的背后，一定有一个伟大的女人。这是对女人的最高评价，也充分说明，一个男人一生中拥有一个什么样的女人至关重要。对于男人来说，事业和家庭是人生的两件大事，哪一件处理不好，都会是终生的遗憾。事业失败可以从头再来，东山再起；而选择了错误的人生伴侣，则永远也输不起。因此，必须要慎重，必须要为自己寻找一个什么样的伴侣勾画一个大略的蓝图。婚姻不是儿戏，没有任何一个男人，可以随随便便就把自己的一生托付给另一个人。

作为父母，应该怎么样教孩子挑选人生伴侣呢？或者说应该教孩子重视女性的哪些品德呢？总体来说，不外乎以下几点。

贤惠。贤惠是亘古不变的女性美德，贤惠的女性重视家庭的重要性，明白知足常乐，是男人事业的坚强后盾。

知书达理。一个女人的气质和教养是丰富内心的流露，如果贤惠是"下得了厨房"，那么通俗地说，知书达理就是"上得了厅堂"。一个知书达理的女性，能够彰显家庭的气质，提升生活的品位。

有趣。天真有趣的女性是能让漫长枯燥的四目相对其乐无穷，能够在平凡的生活中发现不平凡的美，为家庭增加亮色。婚姻生活是一个有颜色、有生息、有动静的世界，很难想象一个不具备浪漫、不具备情趣的女人是个好妻子。

生活的品位与金钱、时间有关，而一个男人关于妻子的品位，则只与眼光、情感有关。娶一个好妻子是婚姻的无上追求。

喜欢读书和音乐。花花绿绿的时尚杂志看得，经典的书籍也看得；流行音乐听得，经典音乐更听得。让岁月与生活的琐碎无法在她的心灵上烙下阴暗丑陋的伤痕。

有工作能力，有一技之长。工作中的女人大多没有时间疑神疑鬼；有一技之长会使她自得其乐，很好地控制自己的不良情绪。

孩子的成长很重要，而一个正确的女性观的形成对男孩子的成长来说更是重中之重。帮助孩子正确地认识异性，帮助他选择合适的人生伴侣，是他人生美好航程中的重要一站。

第 23 讲

嫁人——嫁女择佳婿，勿慕富贵

《钱氏家训》有言："嫁女择佳婿，勿慕富贵。"这句话的意思是说，嫁女儿的时候应当选择那些品德、才学好的女婿，而不应当只贪恋对方的富贵。这句话从如何对待财富的角度说明了正确的婚姻态度。

古代议亲，根据礼法要经过六个步骤，即"纳采""问名""纳吉""纳征""请期"和"亲迎"。首先要有男方请的媒人到女方家问可不可以议亲，女方同意了，女方报告女子姓名，男方回去占卜，得到吉兆，告知女家，并送聘金，约定日期，新郎迎娶新娘过门。只有经过这些步骤，做到"明媒正娶"，婚姻才是合法的。

那时候男女的择偶多数都靠父母做主，靠媒妁之言，因此《钱氏家训》中有关"嫁女择佳婿，勿慕富贵"的说法也是从家长的方面来讲的，即作为父母，应当如何为自己的女儿挑选合适的丈夫。

走向近代之后，自由恋爱逐渐成为主流，男女之间互相吸引、互相爱慕成为婚姻的基础，在这个过程中，"嫁女择佳婿，勿慕富贵"的择偶观对人们就具有了新的意义。

俗话说："男怕入错行，女怕嫁错郎。"婚姻是一辈子的大事，的确需要用心去打理。在婚姻的各种变量中，权重最大的当是感情和金钱。如果说没有感情的婚姻是不道德的，那么没有金钱的婚姻在我们这个社会至少是不现实的。但是不是可以反过来说，钱越多，婚姻就越好呢？或者换言之，嫁个千万富翁，就一定能换来婚姻的幸福？那倒未必。

但是现实的情况是，有不少女性在选择自己人生伴侣的时候，把金钱的多少作为了首要标准，以为对方的钱越多越好，房子越大越好，车子越高级越好，结果却导致了很多问题。

金钱是婚姻的保障，但是如果过分提高金钱的地位，就容易使拜金主义盛行，使婚姻变成赤裸裸的交易，最终也将损害彼此之间的幸福感。一个独立且合理的女人所期待的不应该是权势和无穷的金钱，而应该是能够为自己提供"心灵能源"的伴侣，这样的伴侣可以支持自己做想做的事，可以帮助自己克服可能遇到的障碍——不论这种障碍出现在何时何地。

父母也应该让孩子从小就养成正确的恋爱观和择偶观，让他们明白什么才是最重要的，什么才是最值得珍惜的，而不能让孩子从小就养成拜金的习惯，否则的话，只能葬送孩子一生的幸福。

钱氏家族中有不少令人羡慕的伉俪，他们在择偶的时候所展现出的价值观值得我们借鉴。

钱伟长与孔祥瑛这对伉俪是在清华大学读书的时候相识的。

20世纪30年代中后期，钱伟长正就读于清华大学物理系，是物理系的高才生，当时的孔祥瑛是中文系的才女。两人的相互吸引不是因为对方的家境，而是由于共同的求知兴趣和爱国热情。1935年，北京爆发"一二·九"学生运动，他们两位都积极参加了抗日救亡运动，两人也正是借此机会得以相识相知。

钱伟长还没来得及表白自己的爱慕之情，就发生了"七·七"事变，清华大学被迫南迁昆明。孔祥瑛则通过另一条道路辗转前往昆明，一年半之后，两人才重新在昆明的西南联大相聚。他们在1939年1月举行了婚礼，由钱伟长的导师吴有训先生主持。

在当时的情况下，各种物资都很紧缺，他们的婚礼办得也很简单，但这丝毫没有影响两人的感情。此后的61载岁月里，钱伟长夫妇相濡以沫、荣辱与共。他们一起熬过了民不聊生的内战时期，迎来了新中国的诞生；一起参与了清华大学的复兴，投入了如火如荼的实践；一起遭受了钱先生被错划成"右派"后的不公平待遇；一起在"文革"动乱中受苦受难；一起满怀喜悦迎接"科学的春天"和改革开放的伟大时代。

"文化大革命"期间，钱伟长非常落魄，但是孔祥瑛对他不离不弃，劝慰有加。1958年，他们学业优秀的儿子元凯因受钱伟长的牵连而与高等学府失之交臂，钱先生悲愤交加。孔老师说："不要紧，相信你儿子的能力，不上大学照样会成材！"后来事实果真如此。

两人的婚姻长久、稳定、和谐、美满，婚龄越过了"钻石婚"，成为人人美慕的模范夫妻。

钱氏家族中的另一对伉俪也有一段传奇般的爱情故事。钱钟书的夫人杨绛出身于无锡的书香门第，她的父亲杨荫杭是中国近代著名的革命家。

杨绛在清华大学读书的时候，很引人注目。据当时的同学回忆说："杨绛肄业清华大学时，才貌冠群芳，男生求为偶者七十余人，谑者戏称杨为七十二煞。"当时的钱钟书虽然在校园内名气很大，但是表面上看去却一点也没有才子的所谓风度翩翩的神韵，总是穿一件青布大褂、一双毛布底鞋，戴一副老式大眼镜，显得很"老土"。

可杨绛并不以钱钟书的外表为意，两人被对方的学识所吸引，很快就开始恋爱了，而且第二年便订了婚，并于1935年夏天举行了婚礼。秀外慧中的杨绛与才高八斗的钱钟书结合之后，相濡以沫六十多个春秋，确实令人感叹。

杨绛与钱钟书结为伉俪，恰似中国现代文学史上的双子星座，交相辉映。"钱学"家胡河清曾经做过这样的比喻："钱钟书、杨绛伉俪，可说是中国当代文学中的一双名剑。钱钟书如英气流动之雄剑，常常出匣自鸣，语惊天下；杨绛则如青光含藏之雌剑，大智若愚，不显锋刃。"这句话可以说是恰到好处。

钱氏家族中的伉俪情深除了钱伟长和孔祥瑛、钱钟书和杨绛之外，还有很多对，如钱学森和蒋英、钱三强和何泽慧等，这一对对夫妻彼此之间相互吸引、相互欣赏、相互关爱、相互扶持的浓浓深情让我们不得不感慨钱氏家族在择偶观上的独到之处。

爱尔兰剧作家萧伯纳曾经提出过一个叫做"爱情两万人"的理论。他说："此时此刻在地球上，约有两万个人适合当你的人生伴侣，就看你先遇到哪一个，如果在第二个理想伴侣出现之前，你已经跟前一个人发展出相知相惜、互相信赖的深层关系，那后者就会变成你的好朋友，但是若你跟前一个人没有培养出深层关系，感情就容易动摇、变心，直到你与这些理想伴侣候选人的其中一位拥有稳固的深情，才是幸福的开始，漂泊的结束。"

可见，想要在芸芸众生中选择一个适合自己的伴侣，并不是一件很容易的事，这不但需要机遇，更需要一个正确的择偶观，借助这个正确的择偶观，可以让你事半功倍。

现在的社会中，青年男女的择偶再也不靠父母主婚、媒妁之言了，而是倡导婚姻自由、独立自主，然而择偶过程中出现的一些现象还是让人担忧。

有些人选择追求物质型的择偶观。他们选择人生伴侣主要着眼于工资、住房、存款、财礼等物质实力，这是一种错误的择偶观，也是最普遍的一种。思想家卢梭说过："爱情不仅不能买卖，而且金钱也会扼杀爱情。"就是对这种现象的警示。

有人选择虚荣型的择偶观，单纯追求对方的职务、地位、学历、名气，以至把对方父母的官衔也作为主要衡量的因素；有些人选择外在美型的择偶观，过于追求对方的长相、身材、举止、风度等，这是一种光看到外表而忽视心灵的片面择偶观；还有些人选择跳板型的择偶观，他们选择伴侣是为了达到调入大城市、出国等目的，这些人以婚姻为跳板，不惜嫁给自己并不真心喜爱的人。

这些择偶观都是错误的，经常造成各种各样的悲剧结果。父母应当树立正确的观念，在孩子逐渐长大的时候，教导他们形成正确的择偶观。

正确的择偶观的基础应该是互相爱慕，志同道合；择偶的标准应是全面衡量，品德为重；择偶的态度应是严肃认真，履行义务。

　　志同道合就是双方要有共同的志向、抱负和事业心，具有共同的人生态度、生活理想和生活道路，这些是爱情得以巩固的最可靠的基础。同时也应该明白，品德高尚在择偶中很重要，心灵美和外表美相比，前者更为重要，在恋爱问题上，应当树立这样一种观念：人不是因为美丽而可爱，而是因为可爱才美丽。

　　对待择偶的态度要严肃。人生伴侣不是俯首拾来、随手抛去的花朵，因此绝不能朝三暮四，见异思迁。想要与自己的人生伴侣长久地相扶持，就要忠诚于对方，保持感情的专一性和严肃性，也只有这样，双方才能做到互相体贴，互相帮助，互相谅解，同舟共济，共同度过美好的一生。

第24讲

帮亲——家富提携宗族，置义塾与公田；
岁饥赈济亲朋，筹仁浆与义粟

《钱氏家训》有言："家富提携宗族，置义塾与公田；岁饥赈济亲朋，筹仁浆与义粟。"这句话的意思是说，如果家里富裕，那么就应该提携自己的宗族，应该多置办供族中穷苦人耕种的公田，开办供族中穷苦子女读书的义塾；如果遇到荒年的话，就要主动赈济亲朋。这句话强调了家族互助的重要性。孩子们也应该懂得亲友之间互相帮助、互相仁爱，营造和谐的亲族气氛。

我国传统的儒家思想包括聚族而居的要求。汉武帝时，罢黜百家、独尊儒术，儒家的思想得以扩展，包括内孝外仁、家国一体化的聚族而居的思想，从此便借助政权的威势，占据中华主流地位至今。因此，在数千年的中国历史上，家族的观念深入人心，亲族之间的关系成为决定家庭走向的重要关系。

聚族而居的形态之所以一直延续，一方面是出于避祸的需要，人多保平安，另一方面则是为了亲族之间互相帮衬，可以弥补社会福利的空白，所谓"众人拾柴火焰高"就是这个道理。宋朝之后，在宋明理学的推动下，造福亲族乡里的"义庄""义学"之举，在各地陆续兴起，就是这种初衷的进一步发展。

中国的传统社会是农耕社会，聚族而居，宗族在一个人成长中的影响极大，而当时社会人口流动并不频繁，所以弄清楚五代以内的祖居地并不困难。而且，由于合族居住在一起，亲友之间的关系变得尤为重要。

可能没有哪个民族像我们汉族这样把亲友关系整得如此条理分明、尊卑有序：比自己长一辈的称呼有姨父、叔、伯、姑、舅，同辈的有兄弟、姐妹、嫂等，下一辈有侄、甥等。另外，中国人由于姻亲而产生的亲友关系相当庞杂，所以在称谓里有两个很重要的限定词："堂"和"表"。

从古到今，我国都有"攀亲"这种很常见的做法。其实在过去曾有"沾亲带故"这一说法，实际上说白了也就是攀附亲友，这是利用亲友关系的一种好方法。多个亲友多条路，路多了自然事儿就更容易办了。

人人都难脱一个"情"字，更何况是亲友之间具有血缘联系的亲情呢？也正是因为此，建立良好的亲友关系常常是求亲友办事成功的主要原因。现在很多家庭都只有一个孩子，在这种情况下，父母更应该教导孩子重视亲友之间的关系，多努力稳固亲友之间的联系，让孩子在以后的生活中多一些能够提供帮助的人。

俗话说得好："打虎亲兄弟，上阵父子兵。"然而在现实生活中，就连父子之间、兄弟姊妹之间也可能因为继承财产或这样那样的问题而大打出手或对簿公堂，亲友之间的关系相比起来就显得更加脆弱了。

因此，良好的亲属关系的建立并非是一朝一夕就能做到的，必须从一点一滴入手，依靠平日的积累。只有不断地构建和巩固，亲友关系才会牢固。有了"铁"关系做垫底，何愁在遇到困难的时候求助无门呢？

无锡七房桥钱氏家族是钱氏始祖吴越国国王钱镠的后代在无锡七房桥村的一个分支。在现在江苏省无锡市新区的鸿山镇七房桥村坐落着"怀海义庄"。怀海义庄是目前江南地区保存下来为数不多的民间传统慈善机构之一，占地面积约450平方米。

怀海义庄的历史可以追溯到元末明初。当时鸿山的钱氏先祖发家致富，于是号召当地的富户集于"怀海堂"，劝导他们捐财扶弱、开仓救灾、施粥救民，这是怀海义庄的发端。到清朝乾隆年间，怀海义庄的建筑终于落成，正式成为钱氏家族的议事场所。

怀海义庄和普通的慈善不同，是一种以血缘和地缘为纽带的家族式凝合的载体，其目的是为了向族中贫弱的家庭提供帮助。钱氏家族内凡"鳏寡孤独"者都可以按照规定领到义庄的钱粮，贫困学子都能在义庄的资助下上学。

在青黄不接的季节，怀海义庄经常举办施粥、施粮的义举，这些义举当时帮助了很多族人，获得帮助的族人也不时捐钱捐物给义庄，于是义庄在当地的影响越来越大，得到了当地老百姓的大力拥护。怀海义庄的这些义举一直持续到民国时期，整整持续了七百年。

怀海义庄的作用很大，现代著名史学家钱穆及其兄弟、著名物理学家钱伟长都是因家贫在义庄的资助下得以上学，并成长为举世闻名的大家。

钱穆的父亲在他上学的时候英年早逝，教养子女、维持家庭生计的重担就全部落到了母亲的身上。钱穆的母亲蔡氏秉承钱父的遗志，宁愿忍受孤苦，也不让孩子辍学。

钱伟长幼年起从未穿过一件新衣裳，而所有的衣裳也都是叔父们穿旧的，由于身材瘦小，母亲总是将衣裳的腰部折叠着缝起来，从不舍得剪短，待钱伟长长高一点的时候再把它放开来。经过风吹日晒的衣裳，远处一看还以为是围了一条深色的腰带。

后来钱穆和钱伟长在怀海义庄的资助下完成了学业。1911年钱伟长之父钱声一回乡，利用怀海义庄筹办了七房桥又新小学，造福乡亲，当年钱声一亲书的"又新小学"校牌尚完好保存，成为了义庄的文化典范。

七房桥的怀海义庄对钱氏家族中困顿者的帮助以及这种精神产生了巨大的力量。七房桥钱家先后走出了七位院士，由国学大师钱穆领头，后面为力学家、教育家、社会活动家钱伟长，环境工程专家钱易，物理学家钱临照，工程力学家钱令希，经济学家钱俊瑞。其中，钱穆和钱伟长为叔侄，钱穆和钱易为父女，钱临照和钱令希为兄弟。

钱氏家族有如此多的出色人才，除了受到无锡百余年崇文重教的优良文化环境影响外，也得益于钱氏先祖所创家风的陶冶、文脉培育、家学传承。

家族制，缘于礼，重血缘，建立在乡土的民族文化土壤之上，与一定的生产力发展水平相适应，有其长期存在的合理性和有效性。亲友之家的相互帮助、相互提携在我国漫长的古代历史中写下了无数的佳话。

而实际上，想要维护良好的亲友关系却相当难。以碗碟为例，只要我们细心观察一下就会发现，那些长期放在一起的碗碟，由于经常碰碰磕磕，没有几个完好的。而亲友之间经常往来，容易暴露各自的弱点，也很容易出现利益上的冲突，所以亲属之间也特别容易闹矛盾。由于家庭背景不同，文化及接受教育的程度不同，观点自然不同，这些就更使亲友的关系变得脆弱起来。

亲友关系有的很牢，有的也很脆弱，一个没有兑现的承诺、一个不太真实的传言、一句不太经意的话语，都可能导致亲友关系的倾塌、离散。所以，亲友关系需要呵护，需要滋养、培育。

父母应该让自己的孩子明白：亲友关系不同于其他关系，这是一种比较特殊而又十分复杂的人际关系，体现着亲友之间的多种差异，如经济、地域、地位、性格等。要让孩子们明白，这些差异既可以成为增进彼此之间感情的润滑剂，也可能成为产生矛盾的祸根。只有这样，孩子在和亲友之间发生问题的时候才会妥善地进行处置。

作为父母，应该教孩子怎样与亲友相处呢？大致来说有三点。第一，不欠经济账。俗话说：亲兄弟也应明算账。亲友之间的账尽管有的确实无法清算，但该算的时候还是要算，糊涂账时间长了，很容易在彼此心里产生阴影。第二，亲友之间要有辈分的礼数区分，但同时也应该相互尊重，平等对待，更不能因为彼此之间有地位、职务的差异而不能一视同仁。第三，要教导自己的孩子及时回报亲友的帮助，这既是加深彼此之间感情的需要，也是报答对方帮助的必要表示。如果忽视了这种回报，即使是亲友，彼此之间的来往也可能会变得越来越冷淡。

亲友之情很宝贵，这些情意意味着爱的付出，而并非一味地索取，孩子们应该认识到这一点。只有这样，正常而纯洁的亲友关系才可能走向美好的未来。

第 25 讲

勤俭——勤俭为本，自必丰亨

《钱氏家训》有言："勤俭为本，自必丰亨。"意思是说，持家要以勤俭为要，能够这样做的家庭，一定会家道兴旺，衣食富足。这句话的意思有两层：一是要勤劳，要努力工作，多出成果；二是要节俭，生活要简朴，不要铺张浪费。孩子们也需要懂得勤俭的重要性，从小养成勤俭的习惯。

古语有云："俭，德之共也；侈，恶之大也。"这是从个人修养上来说勤俭节约的重要性。而实际上，勤俭于国于家，都有无比重要的意义。唐代诗人李商隐《咏史》诗中警醒道："历览前贤国与家，成由勤俭破由奢。"这实在是至理名言！

勤俭节约是中国人的一种传统美德，是中华民族的优良传统。的确，小到一个人、一个家庭，大到一个国家、整个人类，要想生存，要想发展，都离不开"勤俭节约"这四个字。

勤俭节约的美德如甘霖，能让贫穷的土地开出富裕的花；勤俭节约的美德似雨露，能让富有的土地结下智慧的果。

联合国人口基金会发布的 2006 年世界人口现状报告显示，世界人口已经突破 65 亿，仅就地球资源消耗来说，人类也必须做到勤俭节约，于是就确定每年的 10 月 31 日为"世界勤俭日"，"勤俭"两个字成为世界性的共识。

对于一个家庭来说，家道是走向兴旺，还是走向败落，很大的一个决定因素就在于是否具有勤俭节约的家风。孩子是家庭的未来，因此对孩子的勤俭教育尤为重要。在这一习惯的养成上，孩子受家长的影响最大。因为，节约意识是在生活小事中培养起来的，不可能一蹴而就。

随着社会发展、消费水平不断提高，一些家长自己在衣食住行方面追求"好、新、贵"，对孩子提出的要求也一味满足，逐渐使孩子养成奢侈浪费的习惯，这是要不得的。父母应该在日常的生活中，改变自己的一些不合理的消费习惯和生活习惯，让孩子明白："一粥一饭，当思来之不易；半丝半缕，恒念物力维艰。"即使生活好了，也不能忘记勤俭这一根本。

我们的生活常常需要围绕金钱运转，帮孩子养成勤俭节约的习惯，就可以让孩子通过克制欲望来实现对金钱的控制。这一点对于每一个想要有所作为，不愿做金钱的奴隶的孩子来说十分重要。

孩子们需要明白：勤俭不是小气，而是一种文明，应该被广泛传承。大到国家，小到家庭，不分贫富大小，如果勤俭文明之风盛行于世，将是国之本，家之幸，民之福。

中国导弹之父钱学森、中国力学之父钱伟长、中国原子弹之父钱三强，这三个人在1956年制定我国"第一次12年科学规划"时，被周恩来总理称为中国科技界的"三钱"。"三钱"是中国科坛的杰出人物，也是世界顶尖的科学大家。他们勤勤恳恳，任劳任怨，为中国科技的腾飞立下了汗马功劳。可是"三钱"在家庭生活上，却全都秉持着节俭的理念。

中国导弹之父钱学森先生淡泊名利。1994年，他获得"何梁何利基金科学与技术成就奖"，奖金是百万港元。2001年，他又获得了第二届"霍英东杰出奖"，奖金也是百万港币。这些本是他勤奋报国的个人奖励，可是钱还没拿到手，他就让人代他将钱捐给祖国科协沙草产业基金会，他致力于祖国西部的沙漠治理事业的拳拳之心可见一斑。

作为可以享受国家领导人待遇的钱学森，五十年如一日地住在老旧的楼房里，过着清贫的生活。他的中山装穿了几十年，一个破提包也是一用五十多年。国际宇航科学院院士胡世祥在接受记者采访时讲到，钱学森生前就是和很多普通人一样，住在这个不到100平方米的老房子里，他一直就是勤劳简朴，专心地研究科学。他也用实际行动告诉大家，不要忘记艰苦朴素。

中国力学之父钱伟长先生是吴越钱王第三十四世孙。他是一位节俭朴素的长者。在上海大学工作的 27 年间，他没有拿过一分钱工资。1984 年，上海大学的招待所乐乎楼建好后，他就一直住在乐乎楼，以校为家，没有为自己购置过一处住房。乐乎楼二楼最边上的房间是属于钱伟长的，里面的构造是一间会客室、一间卧室、一间书房，陈设非常简单。钱伟长先生就在里面生活和工作，十几年如一日。

一位叫陆永平的人和钱伟长同是江苏人，他在上海大学延长校区边上开了 8 年花店。因为经常有人订花献给钱伟长，所以他也就有了很多次和钱伟长接触的经历。他说：钱伟长的生活十分简朴，家里的摆设和普通人家没什么两样。

钱伟长也从来不买现成做好的衣服，都是请裁缝用最简单的布料做。陆永平的一位老乡是裁缝，曾经给钱老先生做过好几身棉布衣服，钱伟长一穿就是很多年。

中国原子弹之父钱三强先生和他的夫人何泽慧都是著名的科学家，家中各方面条件和待遇相对也比较优越。夫妇两人担心孩子们会因为父母和家庭环境的关系，变得铺张浪费、大肆挥霍、注重攀比和奢侈，从而忽略了简朴的品质，因此，就首先从自身做起，给孩子们立下好榜样。

钱三强从不追求生活上的豪华和奢侈，他的生活非常简朴，他总是说："衣服嘛，能穿就行；东西嘛，能用就行。"他的夫人何泽慧女士也是如此。何泽慧的衣着被人称为"老三样"：晴天一双平底布鞋，阴天一双解放球鞋，雨天一双绿胶鞋。她的一条咖啡色的头巾，已经洗得发白了，但还在继续使用。

在他们的影响下，孩子们也养成了勤俭节约的好习惯。他们上学的时候，和普通人家的孩子一样坐公共汽车，穿着朴素，饮食也很简单。可是却在勤奋上狠下工夫，在为"人"

和为"学"上，都是同龄人中的佼佼者。

"三钱"的勤奋可以说无人能比，他们因为科技的成就和卓越的贡献也理所应当地得到比别人更多的财富，可是他们的生活却无一例外地简朴、节约，这不仅是一种勤俭持家的习惯，更是一种伟大的人格力量。

民间有个关于勤俭持家的故事流传甚广。古时候，伏牛山下曾住着一个叫吴成的农民，他一生勤俭持家，终于使家庭富裕起来。他临终前，把一生的所得归功于"勤俭"二字，并把这两个字制成匾悬挂于厅堂。他死后，两个儿子分家时将匾从中锯开，各分一半。大儿子一家非常勤劳，年年五谷丰登，可是生活上大手大脚，家里还是没有一点余粮。二儿子节衣缩食、省吃俭用，可是却很懒惰，结果也常常挨饿。兄弟二人见"传家宝"没用，就一起摔匾泄愤，却见有两张纸条从匾内飞出："只勤不俭，好比端个没底的碗，总也盛不满！""只俭不勤，坐吃山空，一定要受穷挨饿！"

故事虽简单，却揭示了深刻的道理。所谓"勤俭持家"，"勤"与"俭"都不能缺，这两者要紧密结合。

毛泽东同志一生坚持勤俭，治家是如此，治国也是如此。早在青年时代，他就说过"嚼得菜根，百事可做"。穿越艰苦的战争岁月，走进和平建设时期，他一如既往地保持简朴的生活。20世纪50年代，面对新中国一穷二白的局面，他提出"勤俭建国"的方针，指出："要提倡勤俭持家，勤俭办社，勤俭建国。"

经过两三代人的努力之后，现在我们的生活富裕得多了，勤俭节约的优良传统已渐渐地被一些走上富裕之路的国人淡忘，一提起"勤俭节约"，就会有不少人摇头："现在什么时代了，还提这些陈词滥调？"

的确，时代是不同了，但勤俭持家、勤俭治国的精神却不会过时。在新的时代里，勤俭更应当有它巨大的价值。所有的父母也都应该认识到这一点，让自己的孩子把"勤俭"二字作为一生的目标来追求。

在富裕的家庭环境下，父母要从小培养孩子的理财能力，有计划地给孩子零花钱，而不是随意乱给，大手大脚。当孩子年龄稍大一些，父母还可以通过"让孩子当一次家"的活动，让孩子体会到勤俭持家对一个家庭的重要性。

　　同时，还要让孩子从事一些力所能及的劳动，让孩子养成勤劳的习惯，给他们一双愿意劳动的双手，给他们一颗热爱劳动、以勤劳为荣的健康之心。

　　这里有一首打油诗可以供父母和孩子们分享：

　　　　劳劳碌碌苦中求，东走西奔何日休。

　　　　若能终身勤与俭，老来稍可免忧愁。

第 26 讲

忠厚——忠厚传家，乃能长久

《钱氏家训》有言："忠厚传家，乃能长久。"这句话的意思是说，一个家族只有以"忠厚"为传家的信条，才能长久地延续。忠厚传家的理念是几千年智慧的结晶，也被当今的无数家庭所信奉。

其实"忠厚传家"并不是简单的"善有善报"的因果报应，它是有内在道理的。一个人如果能够秉持忠厚的本性，虽然在一些小事上会吃亏，但其与人为善的性格会在他的周围形成一个良好的人际磁场，这样一来，他做起事来自然也会越来越顺遂了。

忠厚，顾名思义，就是忠诚厚道。简言之，就是做人要老成，待人要有宽容之心。中华上下五千年，从我们的圣人孔子开始，就极为提倡忠厚。孔子提倡"恭、宽、心、敏、惠"，大概其中的"恭"和"宽"就是指忠厚吧。

明代洪应明的《菜根谭》中说："仁人心地宽舒，便福厚而庆长，事事成个宽舒气象。"而一旦忠厚做人的品德成为一种家族文化，代代相传，就会代代获得佑助。这也正是《易经》上所说的"积善之家，必有余庆"。

在我国很多地方都有这样的对联"忠厚传家远，诗书继世长"。所谓忠厚就是指品德培养，品德让人立得住身，"读书"是能力培养，能力让人走得开路，无论是《论语》还是这副对联，都将品德培养置于能力培养前头，这反映了一个人的成长规律。要想在自己的人生中成就非凡的事业，首先就需有忠厚的性格——不偏私，不欺诈，不骄横，不凶暴。

可是，在现代社会里，很多人做不到忠厚。为了能够在社会上生存下去、生活得更好，很多人不择手段，敲诈、欺骗、犯罪，无所不用其极。社会上曾经很常见的质朴民风、忠厚品质开始变得越来越少，"人为财死，鸟为食亡"的争名夺利却成了普遍现象。实际上，这是人们对"忠厚"的品质认识不清导致的。

一个人不论在社会上做什么工作，从事什么行业，都应该深刻理解一个道理：即做什么都得先打好基础，而道德和诚信，就是我们做人与经商的基础。刻薄不赚钱，忠厚不蚀本。只有不做那些歪门邪道、坑蒙拐骗的事，踏踏实实做生意，认认真真干事情，才能在创业路上越走越远，才能获得更多财富，才能赢得合作伙伴和周围人的尊重。

父母应该明白这一点，只有这样才不会对自己孩子的一些"忠厚""吃亏"的行为横加干涉。父母也应该把"忠厚传家"的理念贯彻到日常生活中去，点点滴滴地影响孩子，让孩子在忠厚的家庭环境里成长为一个忠厚的人。

明朝的钱福是吴越国太祖武肃王钱镠之后，是明孝宗弘治年间的状元，也是著名的诗人，他所作的《明日歌》传诵至今。

钱福在很小的时候就显出了过人的才华，他八岁能写诗作文，而且写出的诗文很有境界。成年之后参加会试，由于文才出众，获得会试第一名。他的一生都致力于诗文，才华雄视当世，很少有人能与他比肩。清代学者王夫之称赞他说："钱鹤滩（钱福）与守溪（即苏州状元王鏊）齐名，谓之曰'钱王两大家'。"

虽然才学很好，但是钱福却是个很忠厚的人，很少与人结私怨。

钱福考中状元之后，任翰林修撰，他深知人世和仕途的艰险，说道："天下有二难：登天难，求人更难。天下有二苦：黄连苦，贫穷更苦。人间有二薄：春冰薄，人情更薄。世间有二险：江海险，人心更险。知其难，守其苦，耐其薄，测其险，可以处世矣。"所以在为人处世的时候，也多数都是与人为善。

钱福中了状元以后，他老家邻县的一位老学究为了提高自己的身价，就谎称曾是他的老师。有一次钱福回乡，富翁听到消息，就请老学究从中周旋，想要和钱福见上一面。老学究无计可施，只好连夜跑到几十里外去找钱福说明原委，并请求他的原谅。钱福听了之后并没有生气，第二天竟然亲自去拜访老学究，而且态度谦恭地尽弟子之礼。

1493 年，钱福厌倦了官场生涯的明争暗斗，于是托病辞官回家。他回到老家松江的时候，恰逢松江发水灾，钱福力劝当地的知县发仓赈灾。但这时候的钱福已经不是朝廷官员，因此知县并没有答应。但碍于面子，还是决定请他去喝酒。

酒席上有颜色不同的几种美酒，菜肴也十分丰盛。两人酒过半酣，知县来了雅兴。他早就听说钱福很会做对子，就自顾自地出了一幅上联，想要考考钱福的才学，他说："红白两兼，醉后无分南北。"

钱福头也不抬，很快就脱口而出道："青黄不接，饥来有甚东西。"

这句下联对得十分工稳，而且把百姓的疾苦也包含了进去。知县心下惭愧，有感于钱福为民请命的大义，就立即下令开仓赈济饥民。

钱福辞官回家之后，当地的知府刘琬很想结交这位状元，于是就请他赴宴。钱福和刘琬一向没有交情，所以就拒绝了。刘琬很不高兴，对身边的人说："钱福这个人竟然如此傲慢，难道他就没有求人的时候吗？"这句话很快传到了钱福那里去，可是钱福却不以为意。

这件事情过了没多久，刘琬因事鞭挞下级，被人诬告受贿千金。得知刑部派人来查办，刘琬非常担心。钱福得知此事刘琬纯属冤枉之后，就赶赴苏州衙门，亲自向办案官员说明缘由，并为他做担保。

这件事情过去之后，刘琬去谒谢办案官员时，才明白是钱福从中周旋，大为感动，感叹道："没想到平日疏远我的人，却是雪中送炭的那个人啊。"事后，刘琬登门向钱福拜谢。1540 年，钱福病逝，刘琬专程赶往钱家，一度失声痛哭。见钱家不富裕，刘琬出资为钱福办理了丧事，还为他建造了一座享堂，请当时的名士张悦撰写行状，以酬故知。

从钱福的三件小事中，可以看出钱福忠厚的个性，而"忠厚传家，乃能长久"也正是无数钱氏族人所遵循的传家理念。

与钱氏家族"忠厚传家"的理念相似，明清时期山东桓台县有名的"新城王氏"也同样采用的是"忠厚传家"的祖训。"新城王氏"从明朝中叶到清朝中叶，300 多年间科甲蝉联，叔侄进士，兄弟督抚，父子尚书，光耀迭出。

"新城王氏"的第一代祖先是给人当长工，但夫妻二人存忠厚之心，行道义之事，并且对儿孙言传身教，在家境不甚宽裕的情况下，在第二代培养出了一位"尤好施予"的"善人公"。在这种忠厚家风的基础上，王家从第三代开始读书，逐渐成长为一个横跨明清的名门望族。可见，"忠厚传家久"不是虚言。

忠厚的家风对一个家族来说非常重要，对一个人来说意义也很大。忠厚乃做人处世之本。古语中多有称赞忠厚之人有福气的句子。试想，如果一个人，连起码的诚实、厚道都不具备，他如何称之为人，又怎么能为社会、国家贡献自己呢？

勇于担事，敢于负责。对社会，对企业，对同事，对自己都要讲良心，这就是"忠厚做人"的具体体现。

一些父母错误地认为，忠厚是无用、无能的代名词而已，在当今权力、能力和金钱为本位的残酷竞争之世，谁忠厚谁就是傻瓜。其实并非如此。不管是在古代还是在现代，忠厚一直都是一种高贵的品质。忠厚并非愚蠢，恰恰相反，它是一种人生智慧。

忠厚的孩子善解人意，成人之美，不贪心自私，不计人之恶，不伤人之心。这样的孩子更受人欢迎，更讨人喜欢，也更容易获得别人的帮助，因此也更容易走向成功。花花肠子多了，人就会变得不踏实，爱耍小聪明，到最后很可能会聪明反被聪明误。明代《小窗幽记》里说得好："处世以忠厚人为法，传家得勤俭意便佳。"

父母可以通过三种办法培养孩子忠厚的性格。首先，父母要为孩子树立榜样。如果父母宽容、大度，待人厚道，遇事不斤斤计较，与邻里、同事之间融洽相处的态度会成为孩子学习的榜样，通过长期的影响，孩子也会变得宽容、厚道、乐与人处。其次，父母要学会心理换位法，让孩子在遇到问题的时候不要过分以自我为中心，要多为别人着想，这样可以化解很多不必要的矛盾。再次，父母要教孩子学会理解他人，要让孩子在明辨是非的基础上做到忠厚，否则的话，忠厚就会变成"软弱"和"缺乏立场"。

忠厚能使人性情和蔼，能使心灵有回旋的余地，能使人消除许多无谓的矛盾，化干戈为玉帛。作为父母，请让自己的孩子拥有这种美德。

第 3 篇

谈社会——公德在上，公益先行

第 27 讲

交友——信交朋友，惠普乡邻

《钱氏家训》有言："信交朋友，惠普乡邻。"这句话的意思是说，交朋友的时候要讲究诚信，有了好处要让乡邻分享。这句话告诉人们守信在人与人的交往中所占据的重要地位，同时也提出了共享财富的美好愿望。

诚信是一种崇高的道德观和价值观。所谓"诚"就是诚实，就是忠诚老实，为人处世以诚相待；所谓"信"就是守信，就是信守诺言，讲求信用。诚信，就是指诚实守信，表里如一，言行一致。

我国古代的大教育家、哲学家、思想家孔子曾经用这样的话警示世人："人而无信，不知其可也。"孔子又说："其身正，不令而行；其身不正，虽令不从。"所说的都是诚信在与人交往过程中的重要性。明代学者徐被稷在《耻言》中也有这样的表述："身不正，不足以服；言不诚，不足以动。"这就是说，行为不正的人，不被人信服；言语不诚实的人，不必与他共事。

诚实守信的内涵十分丰富，表现在人们生活的方方面面，也具有渗透到社会生活各个领域的张力。诚实守信的道德风尚影响到政治领域，可以生发出无私无畏、大义凛然、襟怀坦荡的精神，可以使为官者刚正不阿，实事求是。诚实守信的道德风尚渗透到科学研究中，可以生发出讲求实事求是、锐意探索的精神，能够让科学工作者百折不挠地追求真理。商人们坚守诚实守信的信条，就可以做到货真价实，公平交易，童叟无欺；教师们坚持诚实守信的信条，就会无私奉献、诲人不倦，成为忠于职守的好园丁。

诚实守信在人际交往中发挥着重要作用，可形成良好的美德。古往今来，凡品德高尚、受人尊敬的人，都能身体力行地做到诚实守信。

诚信是一个国家、一个社会、一个民族生存的必备条件。一个国家政权的真正强大，并不完全取决于财富的多少或者军力的强弱，也取决于一个社会的品质，而诚信正是这品质中最重要的一个。诚信的社会品质，是一个民族强大的动力源泉。高尚的品格是一个国家和民族的魅力所在，是一个国家和社会走向强大的理由。

在当今社会上，不诚信的现象比比皆是。改革开放的洪流一方面使人民的生活走向富裕，另一方面也造成了一些人信仰的迷失。这些人排斥道德精神的价值，不择手段地追求自身利益，将市场经济应有的法制原则和诚实信用原则抛在一旁，屡屡突破道德底线。2011 年，人民日报曾经做过一次调查，遭遇过不诚信现象的人占整个调查人群的94%，当今社会诚信缺失的严重程度可见一斑。

很多家长发现，自己的孩子有说谎的习惯。比如有些孩子在家里对家长说没有作业，在学校却对老师说忘了带作业，两头撒谎，如果不去核实，家校沟通不及时，就很容易助长孩子撒谎的习惯。

孩子爱撒谎虽然是件小事，但也是不诚信的表现。父母不要小看了这个事情的危害性，应该及时发现，及时纠正，让孩子从小就养成诚实守信的好品质。否则，爱撒谎、不守信的习惯一旦养成，就很难再纠正，这对孩子的健康成长必然有很大危害。

洁华控股股份有限公司董事长、总裁、党委书记钱怡松曾获全国青年星火带头人、全国优秀环境科技实业家、中国环境保护产业发展贡献奖等荣誉，也曾入选中国文明办主办的2010 年8 月的"中国好人榜"。

钱怡松的诚信故事广为流传。他在创办洁华控股股份有限公司之初，就提出了信用立业的经营理念，他常年坚持"三个确保"：确保按时保质保量将产品和服务送达客户，确保按时归还银行到期贷款，确保按国家规定上缴各项税金。这"三个确保"可以说是钱怡松诚信的最佳招牌。

在企业发展中，钱怡松常说，做事、做企业，首先就是做人，只有做一个真诚、实在、守信的人，才能做好企业。

他是这么说的，也是这么做的。也正因为此，"洁华"从创立至今，连续 17 年被银行授予"AAA 级资信企业"。

钱怡松对客户很诚信。2008 年，钢材等原料价格大涨，面对 2007 年跨年度的订单成本大幅上涨，是违约，还是坚持合同做亏本买卖？钱怡松义无反顾地选择了后者，因为他坚信"信誉比黄金更重要"。还有一次，公司在履行一份对老客户的合同时，钱怡松发现对方报价远远低于生产成本，于是就坚持按合同价出货。尽管他的企业为此损失了几十万元，但钱怡松讲究诚信的好名声则为他的公司赢得了更多的客户。

钱怡松就是这样一直坚持诚信为本、诚信处世的原则，凭诚信广交朋友，也借此在客户心中建立起了公司诚信服务的良好口碑。2009 年，公司交易额近 8 亿元，签订购销合同 2 000 份，从没有因价格、质量、供货期、收货款等问题与客户发生纠纷，闹过矛盾，深受国内外客户的信赖。

钱怡松对员工也以诚相待。他在企业管理上颇费苦心，引进人才，用好人才，他常常这样说："对员工要讲诚信，说到要做到，做的要比说的好，这样才能得到他们的支持。"

钱怡松的洁华公司从 1996 年开始成为海宁市福利企业，企业所雇佣的残疾职工人数超过了 25%。近年来，随着福利企业税收政策的调整，一些企业为了节约成本，纷纷裁减残疾职工的数量，可是钱怡松却坚定不移地说："不裁员，不减薪。即使没有优惠政策，也让他们留在洁华！"

在这种诚信的理念下，公司员工的流动率一直很低。如今，在洁华有不少"夫妻档""父子档""兄弟档"，很多员工都把企业当作了"家"。

钱怡松信守诺言、坚持诚信为本，但他本人却说自己不喜欢别人说"一定"，他说："我在答应别人前，都会先想想有没有这个能力，没那能力就不会对别人轻易许诺。不过一旦说了就不会更改，不管多困难都要做到底。"

不轻易许诺，但一旦许下诺言，就要坚持诚信，不管多困难都要做到底，这就是钱怡松的诚信理念。钱怡松用自己的诚信行为深深地打动了人们的心，让人真切地感受到道德的巨大力量。

诚信是道路，随着开拓者的脚步延伸；诚信是智慧，随着博学者的求索积累；诚信是成功，随着奋进者的拼搏临近；诚信是财富的种子，只要你诚心种下，就能找到打开金库的钥匙。

德国著名诗人海涅说："生命不可能从谎言中开出灿烂的鲜花。"对人如此，对社会也是如此。试想，如果社会缺失了诚信，我们的生活将变成什么样呢？恐怕我们每个人都要生活在提心吊胆之中了：早上吃早餐时，我们会担心不诚信的商家是不是使用了病牛产的牛奶；看到电视上的广告时，我们会担心会不会是不诚信的公司在做虚假宣传；买东西时，我们会担心营业员找给我们的是不是假币……如果没有诚信，我们的生活还哪有幸福可言呢？

社会由无数的人组成，社会中有你，社会中有我。因此，从我做起，做一个诚实守信的人，是我们对这个社会所能做的微小但绝不渺小的贡献。孩子作为祖国的未来，其诚信意识的培养当然就更显得至关重要了。

教导孩子信守诺言，做一个诚实的人，对孩子的成长是大有帮助的。必须让孩子明白：一个人只有诚实、不说谎、信守诺言，才能建立起良好的信誉。如果经常说谎，会令人觉得你的话不可靠，到你说真话的时候，别人也可能仍然不相信，那时就后悔莫及了。

为了使孩子成长为一个诚信的人，父母也应该以身作则，诚信做人。培养孩子诚信的品质，它既要求家长有长期坚持的耐心，与时俱进的细心，又深深扎根渗透于日常生活的琐碎点滴中，贯穿家庭生活和亲子成长的全过程。

春秋时期的曾子是孔子的弟子，他的诚实守信远近闻名。有一次，曾子的妻子为了不带孩子一起去集市，随口哄他说等回来了杀猪给他吃，事后，曾子为了实现这个承诺真的杀了猪。"曾子杀彘"的故事通俗而深刻地阐明了"父母一旦有所承诺，就一定要守信兑现"的道理，堪为诸位父母借鉴的榜样。

第 28 讲

关爱——矜孤恤寡，敬老怀幼

《钱氏家训》有言："矜孤恤寡，敬老怀幼。"这句话的意思是说，对孤寡老人要多加帮助，对幼小的孩子们要特别照顾。这句话是对中华民族尊老爱幼优秀传统的另一种表述。孩子们也应该明白尊老爱幼的重要性，做一个尊老爱幼、乐于关爱别人的人。

我们中国是世界上四大文明古国之一，有五千多年的灿烂文化。尊老爱幼是我们中华民族的优良传统。

一个国家、一个民族都是一代接一代地世代相传的，生老病死是自然规律，每个人都要经历年幼、年迈的阶段。所以，尊老既是对老人应有的关心与照顾，又是继承前辈"财富"的需要；爱幼既是对弱小的爱护与扶助，又是为了祖国的未来，使我们的事业兴旺发达，后继有人。

敬老爱幼，是最好的美德。人之一生，谁也不能躲开这两个时期，在老年时需要人的扶助，正如在年幼时需要人的照管。一个人幼小时，如果没有人加以慈爱地照管，就很容易走向堕落；一个人年岁大了，如果没有人加以诚恳地扶助，就没办法享受到安闲的晚年。因此，从人道主义的角度上讲，就应该对老幼施行亲切的爱护，这差不多已经是人类的共识。

尊老爱幼不仅仅限于赡养自己的父母、抚养自己的子女，还应该尊敬别的老人，爱护年幼的孩子，在全社会营造尊老爱幼的淳厚民风，这是我们共同的责任。孟子说的"老吾老，以及人之老；幼吾幼，以及人之幼"就是这个意思。

老人辛勤劳动了一辈子，为社会作出了贡献，在长期的实践中积累了丰富的知识和经验，应该得到尊重；儿童是世界的未来，是时代的希望，美好的明天要靠他们去开拓和创造，应该得到爱护。

现代社会的生活节奏很快，人们每天奔波于各种场合之中，赚钱，花钱，工作，享乐，而孩子和老年人却被远远地抛离了生活之外，成为"孤独者"。更有一些人把老年人当成家庭和社会的累赘，不管不问，生怕自己受拖累。其实这是十分幼稚的行为，谁不是从被人照顾的童年慢慢长大？谁又能躲开衰老的自然规律？现在我们对待孩子和老人的方式，将对下一代产生巨大的影响，这一点任何人都应该看到。

父母是孩子的榜样，要做到言传身教、潜移默化，让孩子从自己的言行中发现尊老爱幼的美德。为人父母者，同时也身为儿女，如果想让自己的孩子养成尊重长辈、尊重他人的好习惯，就要从自我做起。即使平时工作忙，没有太多的时间陪老人，也应该尽量在节假日的时候带孩子一起去看望一下自己的父母，陪父母吃顿饭、唠唠家常。

除了在家中孝敬老人之外，在外的时候也应该给孩子树立尊老爱幼的榜样。上下公共汽车时让行动不便的老人和孩子先上或者先下，车上没有空位时可以把座位让给老人、孩子，这些事情当着孩子的面做，可以让他体会到自己的爸爸妈妈是如何孝敬老人、尊重父母的，潜移默化中孩子也就会逐渐养成尊老爱幼的好习惯。

中国工程院院士钱易女士是著名国学大师钱穆之女，她数十年来致力于研究开发适合我国国情的高效、低耗废水处理新技术，对难降解有机物生物降解特性、处理机理及技术进行了卓有成效的研究。

钱易本科毕业于上海同济大学卫生工程专业。1957年考入清华大学攻读研究生，1959年10月毕业后留校任教至今。作为一位学者，钱易用自己渊博的专业知识征服了学生，同时也以自己平易近人的性格和对学生无微不至的关怀受到了学生们的爱戴。

钱易在"文化大革命"期间，工作被迫中断，她本人也被下放到江西开荒种地。1979年，"文化大革命"刚结束，但是"文革"期间的"开门办学"方针还没有改变。钱易就和学生们来到了北京农药一厂。白天，钱易给学生们讲课，和他们一起劳动，晚上就和他们住在一起。

学生们对钱易非常爱戴，他们总是把最好的床位让给钱易，这一点让钱易非常感动，多年之后回忆起这件事，她还记忆犹新。

改革开放之后，教育事业也逐渐走上了正轨。钱易喜欢教书，她每培养出一个学生，都会带给她无尽的喜悦。在学生心目中，钱易不仅是一位可敬的老师，更是一位可亲的长辈。她循循善诱、指点迷津的科研指导，谦和严谨、求实创新的治学作风，让学生们感到由衷的敬佩。

作为著名教授的钱易在教学之余，对学生的生活也非常关心。在她的眼里，这些学生就像自己的子女一样，需要她的关怀。

钱易对一些家庭困难学生的照顾更是无微不至。她曾经指导过一位家庭贫困的研究生，这位学生的父亲因故去世，他情绪非常低落，一度曾想辍学就业以缓解家庭困难。钱易知道这件事之后，非常重视。她不但找这位学生谈心，还主动为他提供经济资助，鼓励他克服困难，继续读书。

学生在钱易的鼓励和帮助下，终于顺利完成了自己的学业。毕业之后，他也成为了一名光荣的大学教师。

清华大学环境系的博士生余素林曾为钱易做过三年的工作助理，和钱易的交往很多。他说起钱易的时候，满是敬仰之意。他说："认识钱老师的人都有一个共同感受，那就是她和蔼可亲、平易近人，没有一点架子。"

钱易的科研工作很忙，也经常出差，但是在余素林担任她工作助理的这几年间，钱易从没有让她帮自己买过飞机票，也没让他帮忙去照澜院的银行交过手机费。而事实上，这些本来都是工作助理分内的事，但钱易总觉得学生们科研任务重，对这些事情宁愿亲力亲为，想方设法减轻助理的工作负担。余素林说："这一点既让我感激，也让我愧疚，但更多的还是由衷的感激和尊重。"

作为著名的学者，钱易对学生们的要求也尽量满足。她对学生邀请作演讲和报告的请求基本是有求必应，在学生会、绿色协会等组织的报告中，常常能见到她活跃的身影，听到她和善的声音。同学们也很爱戴她，她已经连续两次被学生评为清华大学研究生的"良师益友"。

钱易女士以自己的实际行动在自己的学生面前树立起了"怀幼"的长者风范，这是对《钱氏家训》中"矜孤恤寡，敬老怀幼"的自觉实践，值得我们称赞。

尊老爱幼是人类敬重自己的表现：每个人都有自己的儿童时代，每个人也都有老的一天。古往今来，多少个春夏秋冬，一代代人由小孩到老人，不管是处于盛唐还是当今社会，有一点却是共同的，那就是弘扬尊老爱幼的优良传统。

我国历届领导人都十分重视尊老爱幼的优良传统。1959年，毛泽东主席回到故乡湖南韶山，特地请家乡的老人吃饭。在他向一位70多岁的老人敬酒时，老人说："主席敬酒，岂敢岂敢。"毛主席说："敬老尊贤，应该应该。"这件事一时传为佳话。周恩来和邓颖超同志没有子女，但先后抚养了几十个烈士的孤儿，以宝贵的父爱和母爱哺育他们，使他们茁壮成长。2008年，胡锦涛主席访问哥斯达黎加时，参加了一次当地华侨的联谊活动，他亲自为老华侨搬椅子，这一细节使在场的人备受感动。

"尊老爱幼"是中华民族的传统美德，但是随着社会的发展，在部分人身上，却出现了"爱幼"却不"尊老"的现象。

一些做父母的，把自己的孩子奉若皇帝，对孩子百依百顺，孩子能够呼风唤雨，只要孩子要的，即使再困难也会想方设法满足孩子。为了孩子接受更好的教育，不惜血本转校。可是对自己的父母却非常吝啬，有时候甚至连起码的生活保障也没有。这是极其错误的做法。

实际上每一个人都有老的时候，父母的今天就是我们的明天，我们渴望子女给予我们什么，就应知道父母需要什么。

做父母的要明白尊老爱幼的优秀品德对孩子成长的重要作用。看到朋友或是左邻右舍要主动打招呼问好，遇到需要帮助的人就要主动上前搭把手，这都不是什么难事，但是却可以给孩子潜移默化的影响。

人与人之间相处，不管是比自己大还是小的都要做到爱护与谦让。孩子不管做什么都是先看家长，然后自己是有样学样。倘若家长大大咧咧，不注意这些问题，随着时间的推移，也许孩子也会随之成为自己的替代品。

所以做家长的要时刻注意自己的举止行为，尤其在面对老人和孩子的时候更是如此。这不但是为了自己，最主要的还是那句话：一切都是为了孩子。

第 29 讲

救助——救灾周急，排难解纷

《钱氏家训》有言："救灾周急，排难解纷。"意思就是要具有乐善好施、助人为乐的优秀品德，量己之力，帮助别人。孩子们一定要明白：帮助别人是中华民族的传统美德，帮助别人不是吃亏，帮助别人常常也是在帮助自己。

在你忙不过来时，一个人来帮助你一起干，这是助人为乐；在快摔跤时，一个人来扶你一把，这还是助人为乐。世界上大的宗教教派几乎都劝导，提倡人们在一生中，尽量多行善，多做好事，多帮助别人排忧解难。

助人为乐，舍弃宝贵的时间和精力，或者金钱，帮助他人，我们就能从中感到快乐。这不是道德风尚的空洞号召，只要你帮助过别人，并且不求回报，就一定萌生过释然和舒畅的感觉。常常事隔许久，你偶然回想起来，也会有怡然自得之意。

有人曾经做过这么一个形象的比喻：这个人世间好比是布满无数支蜡烛的大厅，这些蜡烛就好比一个个人，有的在燃烧着、闪耀着良知和博爱的光亮，照耀着大厅，有的却熄灭了这种光，熄灭的越多，大厅就越暗淡。相反，如果人人都闪耀着这种光亮，就能让这个大厅永远光辉灿烂。"大厅永远光辉灿烂"，这实在是个令人神往的境界，而实际上，这需要每个人去努力！

虽然帮助别人是传统美德，可是很多父母却不愿意自己的孩子这么做。一些父母觉得现在的社会竞争激烈，帮助别人就等于自己吃亏。遇到学校捐款或者献爱心的时候，也总是自以为聪明地教导孩子"少捐点"。还有些父母担心自己的孩子遇到坏人，所以教育孩子"不要和陌生人说话""管好自己的事情就可以了"。这些做法往往使孩子在助人为乐和父母的教导之间来回摇摆，无所适从。

其实一个懂得帮助他人的人，才能得到更多人的帮助，才会有更多的朋友，才能获得更多的机会，也才能取得更多的成功，因此，父母要积极培养孩子帮助他人的好品格，鼓励、尊重孩子去帮助他人。

尤其是，现在的很多孩子都是独生子女，孩子们在家里备受宠爱，本就缺少助人为乐的精神，做父母的更应当为孩子创造帮助别人的机会，引导孩子健康成长。否则，自私自利的性格一旦定型，必将妨碍孩子的学习以及事业上的成功。

钱钟书先生常说一句话："我都姓了一辈子'钱'了，还会迷信这个东西吗？"这句话不但显示出他淡泊名利的伟大人格，同时也反映了他异于常人的金钱观。

钱钟书先生不但是这么说的，也是这么做的，对那些需要帮助的人，他从来不吝啬自己的钱财。针对这一点，夫人杨绛开玩笑说他一辈子也开不了钱庄。

新中国成立之后，钱钟书在文学研究所工作。古典文学组的人找他借钱，他问："你要借多少？"对方回答："1 000元。"钱钟书就说："这样吧，不要提借，我给你500元，不要来还了。"结果过了一段时间，这位同事又有事需要钱，他还是如法炮制，对折送人。

后来，钱钟书当副院长期间，给他开车的司机有一次出车的时候，不小心撞伤了行人，急切中只好找钱钟书借医药费。钱钟书听了情况后，问需要多少钱，司机说3 000元。钱钟书就说："这样吧，我给你1 500元，不算你借，就不要还了。"

几次之后，在周围的人那里都流传这样一句话：向钱钟书借钱，基本上是"借钱不还，再借不难"。

钱钟书先生晚年的时候，身体不大好。住院的时候，由一位50多岁的护工看护。这位护工只有小学二年级的文化程度，是很敦实的一个人。这位阿姨回忆当初与钱先生的交往过程，经常感动不已。

　　有一次，钱钟书家里人送葡萄来病房。陪护阿姨洗了一部分喂他，他一边吃一边看着碗。吃了一小部分后，就说什么也不肯再吃了。原来他是想留下一些让阿姨吃，让她也尝尝新鲜。陪护阿姨急忙说："你吃啊，还有这么多！"他这才"哦"了一声，再开始吃。后来，每次不管吃什么，他都是这个样。

　　钱钟书对陪护阿姨的态度也很好。陪护阿姨曾经对一位叫潘飞的人回忆钱钟书说："他心肠好，脾气也好，从不在我面前说半句重话。你想想，像干我这个的，有啥地位呀，可他跟我说话时，极客气，十分尊重人，生怕刺伤你。即使疼得要命，他也忍着，生怕影响到我休息。不像有些人，有一点疼就不得了，能把好几个人支使得团团转……"

　　有一次，钱先生在病床上假寐，陪护阿姨以为他睡着了，就和进来查房的护士小声地聊起了家常。说起自己家里盖房子缺钱的事，没想到正好被钱钟书听了去。

　　当天下午，钱夫人杨绛来医院探病的时候，钱先生忽然问她要 3 000 块钱。杨绛奇怪地问："你躺在医院里，要钱干吗？"陪护阿姨当时也在场，钱钟书干脆就用家乡话和杨绛说打算借钱给她的事。

　　第二天，杨绛再来医院时，就拿了 3 000 块钱给阿姨。阿姨惊奇地问："干吗给我钱？"杨绛指了指钱先生笑道："他听说你家在盖房子，怕你缺钱，叫我拿来给你的。"一个学贯中西的学问家，对一个普通的护工竟然有这样的关照，这让陪护阿姨感动不已。

　　钱先生去世后，杨绛还另外给了她 4 万块钱。他们的女儿受到父母影响，也常给陪护阿姨带大袋大袋的食品，为她改善生活。

　　对于那些处于急难中的人，钱先生毫不吝啬，为他们排难解纷，但是对自己的生活，他却一点也没有过分的要求。凡进过钱钟书家的人，都不禁惊讶于他家陈设的寒素。沙发都是用了多年的米黄色的卡面旧物，多年前的一个所谓书架，竟然是四块木板加一些红砖搭起来的。

钱钟书先生对人对己的不同待遇，读来令人深思。他不吝啬钱财，扶危济困，积极践行着古仁人的道德理念。墨子曾说："利人乎即为，不利人乎即止。"儒家也劝人行善。这种精神发扬到现在，就是我们所提倡的"毫不利己、专门利人"的精神。助人为乐要有一种忘我的奉献精神，并要把它贯穿在自己的生活中，作为为人处世的一种准则。当见人遭遇危难的时候，应当慷慨相助，而不是漠然旁观。

战国时，梁国和楚国相邻，这两国都出产瓜。有一年，梁国人的瓜获得了大丰收，可是楚国的瓜却由于干旱长得并不好。一些楚国人嫉妒梁国的瓜种得好，就常在夜里去破坏梁国的瓜田。梁国人气不过，请求县令准许他们也去破坏对方的瓜田。可是县令却反其道而行之，不但没有允许这么做，反而命令士兵每晚都偷偷地去浇灌楚国的瓜田。楚国人知道后，很惭愧自己的行为，两国关系本来并不好，可是却因此结下了很好的邦谊。一个扶危济困的行为却获得了友好的邦交，这实在是化干戈为玉帛的范例！

对一个人来说，乐于救助别人、乐于帮别人渡过难关，对自己来说也是人缘的储备。你看过孤僻但是获致成功的人吗？你看过人际关系良好却穷途潦倒的人吗？对于这两个问题，相信一般的答案自然是否定的。那些能够成功的人，多数都是因为乐于帮助别人，在平日里种下了"善因"，所以才得到了成功的"善果"。

可是而今，"事不关己，高高挂起"的观念确实支配着一部分人的思想。这种观念实在要不得。须知：助人为乐的传统美德应该发扬光大，而不可抛弃。它是一颗不陨的星辰，在历史的长河中，在社会舞台上，永远熠熠闪光。助人为乐是永恒的美德。

对孩子来说，一个乐于助人的孩子不但会受到同学和老师的欢迎，也能够为自己以后的成长奠定良好的基础。

做父母的要意识到自己的行为是孩子的一面镜子。要想孩子成长为一个助人为乐的人，父母首先要以身作则，为孩子做出榜样。邻里之间互相关照，心系灾区灾民，为灾区捐款捐物，单位同事遇到困难时给予帮助和关照，在公共汽车上给需要座位的人让个座，这种教育的作用是潜移默化的。孩子耳濡目染之后，日久天长自然也就会养成帮助别人的好习惯。

有名言说得好：关心他人，竭尽全力去帮助别人，会使人变得慷慨；关心别人的痛苦和不幸，设法去帮助别人减轻或消除痛苦和不幸，会使人变得高尚；时常为他人着想，会丰富自己的生活，增加自己的涵养。孩子自然需要关爱自己，但是不能让他一味陷在自我的圈子里，不然，孩子就会成长为一个自私狭隘的人。助人和助我并不矛盾，为了养成孩子健全的人格，父母责无旁贷。

第30讲

利民——修桥路以利众行，造河船以济众渡

《钱氏家训》中有言："修桥路以利众行，造河船以济众渡。"这句话的意思是说，要多修路造桥，以利于人们的出行；要多造船只，以利于人们渡河。

修路、造桥和造船只是具体的行动，《钱氏家训》中的这句话以这几个典型的行动提醒人们要多从老百姓的切身利益出发，多为百姓做好事。

《钱氏家训》中的这句话体现的是"利民"的精神，这种利民精神在我国古代的思想中更多地表现为"和合"思想。"和合"思想在中国思想史上源远流长，是中国传统文化的精髓。

所谓"和合"的"和"，是指和谐、和平、祥和；"合"即合作、合心、融合。古老的"和合"文化是化解生态危机、社会危机、道德危机、精神危机、价值危机这些社会矛盾和危机最合理的文化选择，而多为百姓谋福利就是古代"和合"思想的一个重要表现。

俗话说："造桥铺路大好人。"造桥铺路历来是民间一项和德修行的善举，是为社会献爱心，也为来世积德的最好措施，也是"和合文化"的结晶。修路造桥或者造船，都是相当庞大的社会公益工程，募资是件很艰辛的事，也是必须要做的事，一些有声望的人不辞辛苦四方募化，而一些有财力的人也愿意慷慨解囊。很多老桥边上记载着捐赠者姓名的"功德碑"，至今还诉说着当年热心公益者的种种事迹。

除了一些官员和大户大力践行"修桥路以利众行，造河船以济众渡"的信条之外，古代的许多佛教僧人也是这一信条的支持者。他们是

不仅积极参加造桥，而且还积极参加铺路和疏通河道。如唐代的道遇和尚见到洛阳附近的黄河有八节滩、九崤石等险处，船只路过时，时常出事，于是就和白居易等人发愿打通这条水路。他们不断在附近劝募，人们为他们的义举所感动，纷纷支持他们的工作。于是，贫者出力，富者出钱，终于把这条险道夷平。又如在河北结草庵修行的义晟和尚，他看到当地道路险难，行人经过此地时经常发生危险，于是就发慈悲心，自持铁锤，修建石路。他独立支撑，苦干多年，终于使道路平坦，获得了当地百姓的一致赞誉。

古往今来，是否对老百姓有利已经差不多成为人们评判事物的标准。在当代社会，我国各级政府深入推进创先争优活动，不少领导者都乐于把自己的精力和才华用在与群众利益密切相关、受群众欢迎的事情上，他们深怀爱民之心，恪守为民之责，善谋富民之策，多办利民之事，把创先争优的热情转化为干事创业的动力，用干事创业的业绩来检验创先争优的成效，在服务人民群众、加强基层组织的实践中建功立业。

对于普通人来说，在自己力所能及的范围之内尽可能做一些"利民"的事，这更是崇高的道德表现。父母应该让自己的孩子从小就树立起正确的价值标准，让他们以"利他""利民"的标准衡量自己的行为，只有这样，孩子才能成长为一个有社会责任心的人。

钱伟长是著名力学家、应用数学家、教育家和社会活动家，是我国近代力学的奠基人之一。他认为，科学研究中的基础研究、应用基础、应用和开发，它们之间是相辅相成、缺一不可的。他主张基础研究与应用开发必须宏观综合平衡，不仅是国家的全局，即使是个人的研究实践，都必须把四种研究紧密有机地结合起来。

在这几个方面，其注重科学技术应用的思想尤其深入人心，而他本人也正是这么做的。他在中学时代就在学生刊物上发表过有关我国古代科学发现的论文，并经常感慨地说："在当今经济和科学技术发达的美国，华裔科学家在学术界占据举足轻重的地位。所以，他确信，在中国共产党的领导下，一个现代化的社会主义中国很快就要建设起来。"

为了能够更好地发挥科学技术对生产和生活的推动作用，他经常努力将自己的科学知识加以应用。1978 年以来，钱伟长经常到各省、市、自治区，特别是贫困的边远山区参观视察。在考察中，他针对各地的实际，提出了很多不错的建议。

1980 年，钱伟长参观了福建的马尾港。马尾港是一座老海港，始建于清朝，民国时期以马尾为军港，中华人民共和国成立后作为商港和驻闽海军的锚地，驻有护卫艇部。钱伟长发现马尾港中的四个 1975 年建设的泊位经常淤塞。经过调查他发现，这主要是由于选址不当造成的。

如果将这些泊位迁至南岸，则不但费钱，而且要花很长时间。于是，钱伟长建议在对岸水中堆积卵石，束水攻沙，这一科学理论的应用很快就解决了马尾港泥沙淤积的问题，省下了一大笔钱。

有一次，钱伟长视察黄河口，发现黄河口的拦门沙经常造成河面冻结，给周围的港口建设等造成了不小的麻烦。钱伟长经过调研后建议用水枪冲沙，并亲自指导博士生做原理性的试验。实验效果获得证实之后，这个措施就被采用了。很快，淤积长达 10 公里的拦门沙终于被冲开，对黄河口的港口建设、附近的油田及农田建设带来了极大的便利。

在甘肃考察时，钱伟长和民盟的同志建议用黄河的电力把黄河水送上高原。根据他的建议所开展的工程，目前已形成了11 个灌区，包括 500 万亩良田，这些良田平均亩产 400 公斤。以往常年缺粮的甘肃省通过这个工程很快就实现了自给有余，当地的人民也因此有了丰富的蔬菜和瓜果，解决了长久以来"吃菜难"的问题。

在云南考察时，他建议恢复汉朝通商路线，把滇西变成我国云贵川地区与缅甸、印度、孟加拉、老挝、泰国、越南之间的商业大道，并建议开发矿产以繁荣西南边陲。

为了能够让科学技术发挥更大的惠民、利民的作用，钱伟长根据不同地区的不同情况，提出了大量行之有效的建议。他对科学技术的推广也不遗余力。改革开放之后，江苏省的乡镇企业开始迅速发展起来，江苏沙洲从沙滩上的棚户区迅速变成繁荣的江南集镇。为了永远摆脱贫穷和落后，农民办起了大学。钱伟长受邀出任沙洲工学院的名誉校长，他在百忙之中经常抽出时间到学校指导工作，深受师生爱戴。

钱伟长是位科学家，他超人的才华、坦率的品格和精辟的见解广为人知，他一方面埋下头来做研究，另一方面又千方百计地将科学技术推向民间，推向百姓，让人民从科学技术的推广和应用中获利，他用自己的独特方式实现了利国利民的宏愿。

对普通人来说，《钱氏家训》中"利民"的教条也可以理解为"利他"的意思。民就是人民，对我们自己来说，这个所谓的人民也就是他人。如果我们能够做到时时刻刻为他人着想，实现了"利他"，也就是自觉地做到了"利民"。

利他行为是一种出于自愿的有利于他人的亲社会行为，如助人、谦让、分享、抚慰、仗义等。这些行为存在一个共同点，就是"替他人着想"，使别人获得了利益和方便。

北宋徽宗年间大峰和尚的善举，被载入多国史籍。大峰以修桥利民为主，1116年他从福建到潮阳，自募资金，含辛茹苦12年，在那里建成和平桥。当地居民感恩戴德，在桥旁建立"报德堂"纪念他。

许多人习惯于"非此即彼"地想问题、办事情，在他们看来，"利己"与"利他""为我"与"为他"是绝对对立的，我做了有利于别人的事情，那么我自己势必就要吃亏。实际上，这种想法是很片面的。

由于我们所生活的社会是一个相互联系、相互作用的有机整体，人与人之间由于社会分工的产生而建立了各种各样的经济、政治与文化关系，因此，人与人之间的利益常常是相关的。比如造桥修路这件事，你慷慨解囊造桥修路，在方便他人的同时也方便了自己，而在这个过程中你也得到了别人的爱戴与尊敬，为自己以后做别的事情奠定了成功的基础，这是个辩证关系。

作为父母，要让自己的孩子从小就理解这一点。孩子的个性发展和社会化过程都离不开人与人之间的相互关系，而"利他"行为可以使孩子与同伴的关系变得更加协调。

父母要抓住日常生活中各种教育的契机，尽可能引导孩子的"利他"行为，培养孩子健康、积极的神"利他"精神，这一点尤为重要。

第31讲

谋福——兴启蒙之义塾，设积谷之社仓

《钱氏家训》有言："兴启蒙之义塾，设积谷之社仓。"这两句话从字面上说，意思就是：要兴办启蒙教育的学校，要广设帮助别人的民间粮仓。实际上，这句话的意义并不仅限于此，其展现的是一种为他人谋福利的高尚境界。孩子们需要明白：人生在世，并不仅仅是为了自己的生存，而应当为他人、为社会谋福利。

人类是群居动物，人与人之间发生各种各样的关系，所以才构成了人类社会。只有自己为别人尽到责任，为别人着想，才能换来别人对自己的回报，对自己的感谢，这两者之间是密不可分的整体。所有人必须认识到：人与人之间要互利互惠，和睦相处，社会才会变得和谐、变得更加美好。

我国自古以来就有为他人谋福利的奉献精神。孔子讲"仁者爱人"，老子讲"上善若水"，佛家也讲"普度众生"，对中国影响最大的儒释道三家，都有这样伟大的悲天悯人的情怀，都在提倡一种"利他主义"，而不是只为自己着想的狭隘的"利己主义"。

唐代诗人白居易在自己的诗中说："丈夫贵兼济，岂独善一身？"表达的也正是为他人奉献、不可独善其身的观念。

在新时代中成长起来的我们，更应当有这样的想法：多为别人谋福利，关爱别人就是关爱自己。如果没有了"我为他人谋利益"，别人也就不会为你做事，那么钩心斗角和自私自利的风气就会在世界上蔓延，我们周围就只能陷于乌烟瘴气的黑暗与混乱之中。所以，孩子们，请你们把"我为他人谋利益，他人为我谋福利"这种美好的心灵传递下去，

让世界充满我们的爱。

人人都愿意别人做到"为他人谋福利",可是落实到自己身上的时候,能够心甘情愿去实行的却少之又少。看看我们现在这个社会,充斥着太多低俗的"道德观"和"价值观",太注重自我的表现和个性,太多太多的人"只扫自家门前雪"。很多人只顾往自己的手里抓,对钱财、地位、名誉丝毫都不肯放松,更不用说去帮助别人,为别人造福。其实,这是一种十分短视的行为。

还有一些家长,不断教导自己的孩子,让他们时时刻刻为自己着想,久而久之,让孩子养成了自私自利的习惯。可以说,产生自私自利的原因,一方面是因孩子有天生的利己倾向,另一方面是因父母在孩子成长过程中的错误教育所造成。自私的孩子,其行为对任何人都有弊无利,对自己未来的成长更是有害。因此,父母应当充分予以重视,及早预防,帮助孩子及早养成为他人谋福利的良好品质。

钱穆是中国近现代著名的思想家、教育家。他一生讲学、办学,从小学到中学,再到大学,60余年,丝毫不辍。而在这60多年中,最为艰苦的一段,则是在我国香港创办并主持新亚书院的时期。

1949年,国民党政权在大陆败退,由于钱穆对即将成立的共产党新政权认识不清,对国民党政权尚存幻想,同时也希望在中国南部传播祖国文化,让祖国文化在香港这块地上扎根,于是就南下香港。

钱穆本来打算在香港暂避,可是到达香港之后,看到很多青年失业、失学,无依无靠,踯躅街头,心里十分不忍。他考虑了许久,决定创办一所学校,为那些失学的青年提供求学的机会。就这样,钱穆暂时留在了香港。

钱穆邀请同来香港的朋友唐君毅和香港《民主评论》的主编张丕介两位先生共同办学,经过一番努力,亚洲文商学院于1949年10月在香港正式开学。

办学之初的条件非常差,学校没有固定的校址,只好租了九龙伟晴街华南中学三间教室作为上课之用。因在晚间上课,故又名亚洲文商夜校。此外，学校又在附近炮台街租得一间空屋，作为学生宿舍。

由于学校初创，经费也特别紧张。好在钱穆新结识了一位叫王岳峰的上海商人。王岳峰为钱穆等人艰苦办学的精神所感动，表示愿鼎力相助。所以学校第二学期开学的时候，条件才稍有改善，得以在香港英皇道海角公寓租借数间教室，作为讲堂及宿舍之用。

后由于办学主张不同，钱穆只好另外创设了新亚书院。初创时期的新亚书院条件更为简陋。除钱穆、唐君毅、张丕介等教师住校外，其余教师都只能住在校外。

学校招收的学生大多数都是从祖国内地来到香港的青年，很多都是从难民营过来的，他们没有能力缴纳学费，甚至居无定所。因学校的宿舍不够，阳台、走廊、楼上都睡满了学生。总计全校学生不到百人，而所收的学费收入则只有应缴纳学费的 20% 左右。

但钱穆还是坚持办学，为了节约经费开支，他规定按钟点计薪，任课1小时的酬劳是港币20元。钱穆上课最多，任课10小时，月薪港币200元。办学的艰辛可见一斑。

钱穆硬是凭着一股"扎硬寨，打死仗"的苦撑苦熬的精神，使新亚书院得以创立和发展。虽然学校的条件简陋，但是教授阵容却非常强大，连香港大学中文系都远不能相比。香港教育司对这所学校也很重视，很少因为细节问题为难新亚书院。

新亚书院还经常开办讲座，这些讲座对于扩大新亚书院的影响，对于在香港这块地上弘扬祖国文化起了重大作用。

支持新亚办学的王岳峰并不是富商，随着他的能力渐尽，新亚书院又陷入了经济窘困的山穷水尽之地。钱穆无奈，只好奔赴祖国台湾，请求救济支援。台湾的各界名流知其到来，都纷纷劝钱穆留台发展。可是钱穆虽身在祖国台湾，却心系亲手创建的新亚。他不忍心放弃新亚书院的师生，于是还是坚持回到香港，继续办学。

1954年，钱穆在《新亚五年》一文中讲道："新亚精神，老实说，则是一种苦撑苦熬的精神而已。"

在他的勉励支持下，新亚学院逐步走向正轨，有了自己的校歌、校训。钱穆则明确阐述了新亚书院的办学宗旨："上溯宋明书院讲学精神，并旁采西欧导师制度，以人文主义教育为宗旨，沟通世界东西文化。"

钱穆不求私利，为传扬文化，努力兴办义学，不但让新亚学院在祖国香港开出了一朵奇葩，同时他勉为其难、知难而上的公益精神，也感动了无数人。他的所作所为，是在"利己"与"利他"之间做出的准确选择，对现在的社会更具有现实的意义。

人生活在社会上，离不开周围的人。我们吃别人种的粮食，穿别人缝的衣服，住别人造的房子。我们的大部分知识是别人传授的，我们的大部分思想是在别人的影响下形成的。因此，每个人人生的意义显然不是自己赚多少钱、获得多高的生活地位，而应该是为他人做了什么，为社会奉献了什么。

当然了，在这个世界上，谁索取得多，谁的财富可能也就多。但如果这些财富只是供自己享用，而不是拿来造福社会、造福人民、造福桑梓，那么，即使他的财富再多，也只能算做葛朗台一样的守财奴、周扒皮一样的吸血鬼，纵然身价亿万，也终将一文不值。

革命导师马克思敏锐地认识到了这一点，一针见血地指出："人生的真正价值在于奉献。"他回答了人活着为了什么的问题，要求共产党人自觉投身于绝大多数人的、为绝大多数人谋利益的运动。

作为父母，应该教孩子学会造福他人、学会关爱他人、学会付出，这是孩子融入周围群体的必备条件。也只有这样，才会使他的心灵存有真与善，让孩子的内心因此富足而美好。如果父母能够成功地帮助孩子将感激和关爱他人的思想养成习惯、融入品行，成为一种能力，那么孩子将不再自私冷漠。在尊重他人、关爱他人的同时，他也必将被他人所尊重和肯定，逐渐养成自尊自爱、自信自强的优良品质。

孩子们要认识到：我们所处的社会是一个"我为人人，人人为我"

的社会。你为他人谋福利，他人才会认同你，才会回报你，也才会为你谋福利。这样不断往来，才让社会这台机器的齿轮得以运转。

有了奉献，才有了"春蚕到死丝方尽，蜡炬成灰泪始干"的壮举；有了奉献，才有了"横眉冷对千夫指，俯首甘为孺子牛"的情怀。奉献是雨天的伞，奉献是晴天的云；奉献是跋涉后的清泉，奉献是黑夜中的明灯。

第32讲

公益——私见尽要铲除，公益概行提倡

　　《钱氏家训》有言："私见尽要铲除，公益概行提倡。"这句话的意思是说，要尽量摒弃自身的狭隘意见，要大力倡导社会公益。孩子们也应该明白，我们生活在社会这个大集体中，多关注公益、多做公益事业，不但是帮助别人，也是在帮助自己。

　　公益是指有关社会公众的福祉和利益。我国自古以来就有很多人频繁做出热心公益的善举。这些人包括地方官员、僧人、商人，可以说涵盖了各行各业，他们以自家资财助贫济困，在历史上广受称颂。

　　人类进入近代之后，慈善的精神在全世界范围内得到了赞同，尤其是西方先进国家依据基督教教义而生发出的慈善精神，在世界范围内产生了广泛的影响。人们普遍认识到，慈善不是做给人看的，不是为了讨人的欢喜或博取人们的称赞，而是发自内心的自觉。用美国作家施密特的说法，这是一种"博爱"精神，"意味着施舍以便缓解接受人经济或身体压力，不求任何回报"，是为了爱而爱。

　　我国的慈善事业也发展得很快。1993年1月，我国建立了第一个地方慈善会，此后的几年里，全国各地各级慈善会组织像雨后春笋般不断涌现，形成了覆盖城乡的慈善网络。作为人类精神文明的产物与结晶，慈善文化正在改变着人们的生活，越来越多的人开始自觉并无偿地帮助他人、服务我们的社会，一个更加丰满的民族风骨，正在形成。

　　人的关爱之心、公益之心，是国家综合国力不可或缺的组成部分，也是社会发展不可或缺的资源。现在，我们正处在建设和谐社会的关键时期，和谐社会、和谐世界、人与自然和谐相处的理念被提出，但正是

在这个时候，我们又深深感到自己所处的社会和世界，有着诸多不和谐的地方，其中人们的公益心缺失就是表现之一。

一些地方在制定政策的时候，对公共事务不重视，对公共服务不关注，对公共空间不保护；一些人在生活中缺乏应尊重别人和自己不同的权利的认识，缺乏不忍之心、恻隐之心、仁爱之心，看到别人遭遇困难，哪怕是举手之劳也不愿付出；当某地遭受灾害的时候，哪怕自己腰缠万贯，也不愿意拿出一分钱。这种做法所体现出的是一种极端自私自利的心态，对社会无益，对自己也有害。

父母要让孩子有公益心，让孩子们明白，公益心就是社会上的任何事物都与自己的存在有着关联，既然知道有关系，那么就应当根据自身的实际情况以适当的方式参与进去，去帮助别人，推动问题的解决。

中国科技大学是中国科学院创办的综合性大学。1958 年中国科技大学创办之初，实施"全院办校，所系结合"的办学方针，作为中国科学院力学所所长的钱学森也义不容辞地走上了中国科技大学授课第一线。

当时正值三年自然灾害时期，钱学森在给学生上课的时候发现，许多工农子弟家庭困难，甚至连计算尺等学习用具都买不起，心里很着急。正好他的学术力作《工程控制论》的中文版出版，得到了一笔稿费，钱学森就毫不犹豫地将自己的稿酬 11 500 元悉数捐给系里，用这笔钱资助困难学生购买学习用具。1961 年 12 月 25 日，中国科技大学党委专就此事给钱学森写了一封感谢信，信中说："……最近，您又慷慨赠款壹万壹仟伍佰圆，我们给同学买了计算尺，不仅帮助许多同学解决经济上的困难，也给同学们精神上以很大的鼓舞，大家纷纷表示一定要努力学习，成为又红又专的科学技术人才报答您的关怀，我们代表全校师生员工向您表示衷心的感谢！"

钱学森长期关注中国的沙产业。1984 年，面对西部沙化和科技革命的大潮，钱学森提出"利用现代科学技术经营沙漠、开发沙漠和利用沙漠的战略构想"。钱老对沙漠脆弱的生态和恶劣的环境看在眼里，记在心上。他因年事已高不可能躬行实践该理论，但他依然心系这一伟大工程，每天读书看报，了解国内外的有关沙漠利用和开发的报道。

1994年9月27日，在钱学森的积极倡导下，中国科协在北京成立了"中国科学技术发展基金会促进沙产业基金"，用于支持沙产业理论研究、扶持沙产业实体等方面的工作。1995年1月，钱学森获得了首届"何梁何利基金优秀奖"，他一分钱都没要，将全部奖金100万港元无偿捐献给中国科协沙产业、草产业基金会。

为了促进基金会在培养沙产业人才方面的作用，1997年4月9日，钱老致信中国科协副主席刘恕，希望能够拿出部分资金在我国西部农业高校中建立奖学金。根据他的建议，基金会拿出部分基金在西部的几所高校设立了奖学金班，给沙化地区留下一支不走的专家队伍。

2001年12月8日，钱老再次写信给中国科学技术发展基金会促进沙产业基金的主任刘恕，将自己的"霍英东奖"100万港元的奖金捐献给沙草产业基金会。

2003年，一些钱学森身边的工作人员、学生、朋友和部下就开始筹划如何纪念钱学森回国50周年，提出设立钱学森科学基金会的设想，钱学森亲笔在科学后面加上教育两字。钱学森同时表示，把所有积蓄和在美国的版税捐给基金会，办一个瞄准世界一流的大学！

钱学森的一生都奉献给了祖国的事业，他在用自己掌握的科学知识造福祖国的同时，还热衷于公益事业，这些事被传为美谈。

钱氏家族中的很多人都有热衷公益的习惯。2001年，我国著名作家、翻译家、90岁高龄的杨绛女士将上半年所获稿酬现金72万元及其后出版作品获得的报酬，捐赠给了清华教育基金会，设立"好读书"奖学金，以鼓励家庭经济困难的优秀大学生努力学习、成才报国。钱钟书、杨绛夫妇均曾在清华学习工作，杨绛女士说："设立'好读书'奖学金是我们一家三口的意愿。早在1995年钱钟书病重时，我们就商量好了，将来我们要是有钱，要捐助一个奖学金，这个奖学金就叫'好读书'奖学金，不用我们个人的名字。"

热衷公益、投身慈善，这是钱氏家族的家训，也是中华民族的优良传统。在我国古代，影响甚大的儒家一向倡导公益。儒家认为，从事慈善事业救济他人，或者从事公益活动在更为抽象的意义上帮助他人，乃是人性的自然。慈善、公益活动的人性依据，就是儒家所揭示的内在于人的怵惕恻隐之心。

佛教也倡导一种叫做"福田"的思想。福田指有福之田，如能广行布施，就能积累功德。最初，这种福田布施是救灾济贫、施药治病。后来，福田布施扩大到了架桥铺路、掘井造林等公益事业。

这些理念让中国形成了流传数千年的热心公益的传统，在历史长河中，热衷公益的慈善家也层出不穷。东汉光武帝的外祖父樊重就是一个大慈善家。据《后汉书》记载，他曾将数百万巨资借给别人，到时候把借据一一焚毁，使借贷者感动不已。他家有不少池鱼牧畜，凡求鱼求畜者，他都有求必应。

清朝道光年间，陶澍和林则徐兴办"丰备义仓"也是知名的义举。两人在江宁、苏州地区创办"丰备义仓""以丰岁之有余，备荒年之不足"。林则徐在苏州修建了大小仓库 10 个，买粮存放，有效地起到了荒年赈灾的作用。

这些公益传统对当今的中国也有现实意义。只有有了仁爱之心、公益之心，才可能有中国的可持续发展，才可能有和谐的社会、和谐的世界、人与自然的和谐相处，中国的前景才是光明的。

父母应该多带孩子参加公益活动，这样做能培养他们的爱心和社会责任感，对他们以后的成长有很大帮助。如何让孩子在公益活动中得到锻炼、不断加强公益心呢？

父母在活动之前要和孩子充分沟通，让他明白将要参与的活动是有意义的事情，进而提高孩子的积极性。无论孩子在公益活动中的发挥如何，成功与否，父母只需要做一名"保镖"，陪伴在孩子身边保证安全即可，尽量不要干涉孩子的做法，更不能"包办"，让孩子自己体会做公益的艰辛，品味其中的快乐。

第33讲

心胸——不见利而起谋，不见才而生嫉

《钱氏家训》有言："不见利而起谋，不见才而生嫉。"这句话的意思是说，不要见财起意，见利忘义；不要看到别人有才干就嫉妒，而应该用平和的心态来对待。这句话阐明了一个人在为人处世中应该秉持的心态，即要有豁达的心胸。孩子们也要使自己大度起来，要让自己拥有豁达开阔的心胸，否则的话，就会成为一个心胸狭隘的人、一个很难快乐起来的人。

见利起谋进而见利忘义，这是非常不道德的行为。这些人为了自己的利益，可以抛弃道德的准则。在见利忘义的人眼中，什么事情是好事，什么事情是坏事，判断标准只有一个，那就是对他们有没有利益可言，其他什么道义公德统统放置一边。马克思说："有百分之五十的利润，他就铤而走险，为了百分之百的利润，他就敢践踏人间一切的法律，有百分之三百的利润，他就敢犯任何罪行，甚至冒着绞首的危险。"这句话活画出了见利忘义者的嘴脸。

其实，人人都有强烈的趋利性，社会并不排斥人们的趋利心，成熟的社会保护竞争、鼓励先富，通过利益驱动来促进整个社会生产力的提高，但是这必须建立在"见利思义"的基础上。"见利思义"的义利观有三个相互联系、密不可分的方面：一是义利统一，和谐共存；二是大利优先，以义为重；三是见利思义，取利有道。只有这样，全社会才能真正树立起"先义后利""见利思义"，以义为人的价值取向，"生以载义""义以立生"的人生观，达到"杀身成仁""舍生取义"的崇高道德境界。这样，才会彻底杜绝唯利是图、见利忘义的丑恶行为发生。

　　同样的，与见利起谋、见利忘义相似，见才生嫉、嫉贤妒能同样也是人们的通病。是嫉贤妒能还是举贤任能，这实际上是一个人的道德问题。如果一个人能够站在客观的立场上去肯定、支持贤能之士，从而举贤任能，那么这就是一种高尚的道德行为；否则，就是不道德的行为。汉代荀悦的《汉纪·高祖纪三》中说项羽"嫉贤妒能，有功者害之，贤者疑之"，终于导致了垓下之败，饮恨江东；而刘邦能够任贤用能，搜罗了无数的文臣武将，终于建立了强大的西汉王朝。这就是历史留给我们的教训。

　　见利忘义与见才生嫉说到底都是人的品质问题。作为父母，要让自己的孩子明白：在利益之前，在比自己聪明的人之前，保持豁达的心胸，勇于见利思义、乐于举贤荐能，这才是正确的选择。否则的话，自己的道路必将越走越窄。

　　钱伟长早年留学海外，他以骄人的天分和不懈的努力做出了令冯·卡门、爱因斯坦这样的大师级学者都非常赞叹的成绩。

　　1945 年，中国的抗日战争结束，钱伟长为了报效祖国，于 1946 年 5 月回国。早已蜚声海内外的他归国之后很快就被聘为清华大学机械系的教授，同时兼北京大学、燕京大学教授。

　　1948 年，钱学森邀请他到美国喷射推进研究所工作，但由于美国提供的协议上有要求中美一旦开战，必须效忠美国的条件，钱伟长决定放弃。从那时候起到新中国成立之前的几年间，他参与创建北京大学力学系，开创了我国大学里第一个力学专业，出版了中国第一本《弹性力学》专著，开设了我国第一个力学研究班和力学师资培养班。由于该班学员大多成为中国从事力学研究和教学的领军人物，为我国的机械工业、土木建筑、航空航天和军工事业建立了不朽的功勋，因此钱伟长被后人称为中国近代"力学之父""应用数学之父"。

　　中华人民共和国成立后，由于经济建设的经验不足，再加上政治环境不好，钱伟长在极"左"横行的年代里开始变得命运多舛起来。

钱伟长看到当时高教界盛行"一边倒"的"仿苏、学苏"之风，心里颇感忧虑。20世纪50年代，许多大学又掀起了苏联模式化的院系调整，在这个过程中，很多综合性的大学被人为拆分，科研与人力资源被人为割裂。钱伟长立刻撰文，指出了苏联模式的教学方式有很多弊病，认为这种拆分的办法既不利于教学，更不利于科研。

可是钱伟长的建议并没有得到重视，相反地，他却由于这些"不合适"的言论而被扣上了"右派"的帽子，被禁止在大学讲课教书和搞科研。其后，他又被强制劳动改造。

钱伟长先是和著名物理学家黄昆一样，在实验室打扫卫生，后来，他又被送到钢铁厂，在那里当一名普通的炉前工人，尝尽了生活的艰辛。

可是即便自身遭到了这样的不公待遇，钱伟长还是保持着豁达的心胸。他一方面将自己的专业知识应用于各种劳动中，一方面向身边工人传授知识，尽自己所能，帮助他们提高效率、节省体力。

钱伟长在长期的劳动中做出了许多新颖又实用的发明创造，周围的很多人都称他是"万能科学家"。钱伟长对自己的朋友说："我没有专业，国家需要的就是我的专业，我从不考虑自己的得与失。"

他是这么说的，当然也是这么做的。正是这种自信而豁达的心胸，帮助他度过非常岁月的人生波折，终于迎来了科学的新春天。

另一位钱氏族人、学界泰斗钱钟书也是个十分豁达的人。钱钟书聪明绝顶，他拥有广博的学识、深邃的智慧和极强的创造才华，因此成为一位纵横捭阖、学贯中西的大家。他做学术的时候一丝不苟，态度严谨，可是在平时的生活中却经常不拘小节，有时候吃了亏，也并不觉得有什么。有一次，他买东西买贵了，别人告诉他说他上了当，钱钟书却哈哈一笑就过去了。

1975年前后，有人误传其死讯，在我国香港、台湾等地引起了一阵悼念活动。钱钟书知道了之后，也并不以为意。

钱伟长和钱钟书都有豁达的心胸，正是这种豁达的心胸，让他们不为世间的烦琐小事所牵累，因而在自己的领域里做出了骄人的成绩。也正是这种豁达的心胸，让他们纵使到了老年也精神矍铄，益寿延年。

曾有人这样说过：一个人的心胸有多大，他做成的事情就有多大。这句话不无道理。北宋时期，欧阳修的文名享誉天下，是全国公推的文坛领袖。当时苏东坡还只是初出茅庐，并没有什么名气。欧阳修在一个偶然的机会读到了苏东坡的文章，不禁拍案叫绝，感慨地说："取轼读书，不觉汗颜，老夫当避路，放他一头地也。"此后，欧阳修经常向人称誉苏东坡的才华，使苏东坡很快就成为天下闻名的才子。

欧阳修见才不生嫉的豁达胸怀正是他能成为一代宗师而不仅是一位文章圣手的理由所在。

中国向来是礼仪之邦，古人有许多奉劝世人要心胸宽广的金玉良言。"进一步山穷水尽，退一步海阔天空""宰相肚里能撑船"，这些都是劝人心胸豁达的良训。

在现实生活中，见利忘义、见才生嫉的做法危害很大。作为一个企业的老板，如果见利忘义，毫无社会责任感，无视员工的基本权益，久而久之，必然使下属的凝聚力下降，使公司变得人心涣散，最终也将失去企业生存的基本条件；而作为一个领导干部，如果见才生嫉，就会导致"近亲繁殖"，从而导致一些"千里马"被拒之门外，工作的效率自然也就大打折扣了。

作为父母，要让孩子从小养成处世豁达的心态和习惯，让他们更多认识自己。要鼓励孩子多参与集体活动，多与同伴交往，并要告诉他在交往中应注意什么，应采取什么不同的方法来避免感情冲动；要多教育孩子学会为别人着想，做事情不要以自我为中心，要学会站在别人的立场想问题；教导孩子平时与人相处的时候大方一点，对自己的朋友不要吝惜自己的表扬之声；当别人有求于自己的孩子时，多鼓励孩子助人一臂之力。

更重要的是，父母要让孩子学会与那些自己不喜欢的人相处，因为就算是不喜欢的人，也一定会有自己的优点，也有值得自己学习的地方。

父母不妨让孩子试一试从小事做起。做到心胸宽广不是一件容易事，从小事做起，可能就比较容易，只有经过这样一点一滴的努力，不断积累，孩子豁达的心态才能够养成。

第 34 讲

远小人——小人固当远，断不可显为仇敌

　　《钱氏家训》有言："小人固当远，断不可显为仇敌。"这句话的意思是说，卑鄙无耻的小人，我们固然应该远离，但是在远离他们的同时也应该注意不要刻意和他们对抗，以免结仇。这句话给人们如何面对小人提供了建议。孩子们也应该明白这一点，这是保证自身安全的重要办法。

　　从古到今，小人和君子之间的斗争无处不在。无论在哪一个领域，也无论从事哪一种行业，我们总是会经常听到有关小人的话题。一提到小人，人们便不约而同皱起眉头，长吁短叹了一番之后，都会得出这样的结论：小人很坏，小人很难对付。

　　的确如此。俗话说：做人难，做事难。人生不易，为了获得必要的生存资源，每个人都必须面对很大的压力，要自我奋斗，要参与竞争。而一些小人没有道德标准，他们的人生信条就是不择手段地攫取利益。因此小人们往往无事生非，睚眦必报，更有甚者，心如蛇蝎，必欲置别人于死地而后快。善良的人们几乎都受到过小人的荼毒，横遭过小人们的祸水，只是程度不同罢了。

　　每个地方都有小人，如果和这些小人的关系处理不好，就往往要吃亏。可是小人的脸上也没写着字，不少真正的小人甚至还相貌堂堂、端庄秀丽、举止文雅，有口才也有内才，一副"大将之才"的样子，不到关键时刻根本不会露出丑恶的嘴脸。该怎么辨识小人呢？

　　清朝人王棁的《檀几丛书》中将两类小人的特点做过总结，即眼光灿烂闪烁，气宇深沉，藏而不露，偶尔露出泰然平和的颜色，而有时

也露出肃杀的信息，这样的人，是身处上位的小人；目光摇曳不定，精气不足，神情散乱，远远望去姿态不佳，靠近看来又没有风度的，是身处下位的小人。

君子有学问有修养，他们心怀坦荡，有一说一，绝对不会做出言行不一致的行为来，就算是做过了，他们也绝对不会为自己的过错找出千百条的理由来推卸责任，逃避过错；而小人心口皆非，与人交而一定不信，事亲而一定不孝。两者在社会上的受欢迎度和所起的作用自然也是显而易见的。

古人说："君子坦荡荡，小人长戚戚。"三国时的名相诸葛亮在《出师表》中这样说："亲贤臣远小人，此先汉所以兴隆也。亲小人远贤臣，此后汉所以倾颓也。"这更是上升到国家危亡的角度痛陈小人之害。鲁迅先生说得好："捣鬼有术也有限。"面对小人需要有足够的勇气和智慧——用勇气去面对，用智慧去反击，这才是正确的选择。

人们痛恨小人，鄙弃小人，家长也应该从小教导孩子，让孩子树立正确的价值观和人生观，使他们远离小人，成长为坦坦荡荡的人。可是在教导孩子明辨是非、远离小人的时候，父母还要让孩子具有充分的智慧。"远小人"当然是必然的选择，但是如果方法不对，态度不合适，反而可能招致小人的报复，给孩子带来不必要的麻烦。

清朝的御史钱沣在历史上留有清名，他的人品一直为人称道。钱沣一直都以儒家的道德标准严格要求自己，努力立德、立功、立言，而其人品、官品和艺品也确实都达到了很高的境界，堪为后人的楷模。

钱沣很小的时候就有才学，在乾隆三十六年终于得中进士，被授翰林院检讨之职，从此步入仕途。钱沣为人刚直不阿，为官清正廉洁。在二十余年的为官生涯中，他不媚世俗、不阿权贵、不畏豪强，矢志为国为民，从未有过任何动摇。

钱沣曾常年担任御史的职位，他置个人生死于不顾，经常为他人所不敢为，言他人所不敢言，对那些贪赃枉法、徇私舞弊、阿谀奉承的小人，更是深恶痛绝。

偏偏有的官员不甚了解钱沣的个性，自以为位尊权重，在自己的一亩三分地上，不会有哪个不识相的不买账。

朝廷大臣浦霖以巡抚的身份到湖南任职，刚一到任，就大办寿诞贺典。湖南的大小官员都了解浦霖的为人，都知道此番名为寿诞，请大家赴宴去联络感情，实则是为了检验一下谁最"忠于"他，并趁机收礼金、发横财。

这时候湖南正遭遇多年不遇的大旱，灾情十分严重。可是不少官员为了巴结新任巡抚，都争相前往，并准备厚礼。

这时候的钱沣只是个湖南学政，他本想一口回绝送请帖的人，实际上，他为官清廉，也实在拿不出什么值钱的寿礼。但对方是自己的顶头上司，如果贸然顶撞，对方恼羞成怒，自己可能会受到排挤。

钱沣左右为难，想了半天才想出一个法子来。拜寿的日子到了，钱沣到了之后，送上了一对蜡烛和几斤莲藕，作为自己贺寿的礼品。寿礼送到浦霖面前之后，浦霖一下子就明白了钱沣的意思：蜡烛是直的，莲藕是有节的。"直"和"节"是做官为宦的人道德的高标，钱沣的意思是希望新任的巡抚大人成为一个这样的好官。

浦霖虽然对钱沣的贺寿很不满意，但又害怕他上奏朝廷弹劾自己，于是干脆退回了所有的贺礼，停办了这次寿庆。由于钱沣并没有让他太丢面子，所以事后，浦霖也没有给钱沣穿小鞋。

乾隆四十七年四月，钱沣举报国泰贪纵营私等不法行为。乾隆派户部尚书和珅、左都御史刘墉与钱沣一道前往山东查办此案。

国泰是皇亲国戚，权倾一方，而且和乾隆皇帝的宠臣和珅关系很密切。三人还没有到，国泰就得到了和珅的通风报信，早早做好了准备。他向商人借来许多银子，凑足了库存数量，以掩盖库银严重短缺的真相。

钱沣到了山东之后，很快就发现了其中的问题。他明知道是和珅从中作梗，但又不好直接和和珅冲突，于是就命人在大街上贴出告示，要求商人在规定期限内领取属于自己的银两，过期没有人认领的就没收充做官银。结果商人们都争先恐后地前来取银，国泰贪赃枉法的事情终于败露。乾隆大怒，令国泰等人服法自尽。钱沣大获全胜，朝野震动。一起从中获利的和珅虽然无奈，也只好吃了个哑巴亏。

钱沣面对浦霖、和珅等小人的时候并没有直接和他们当面对质，更没有慷慨激昂地破口大骂，而是凭借自己的智慧使事情得到了圆满的解决——既没有违背自己做人为官的信念，又没有招来横祸，其对《钱氏家训》中所谓"小人固当远，断不可显为仇敌"的训诫阐释得近乎完美。

想必没有人愿意和小人打交道。我们想和君子打交道，是因为他们人品正直、人格高尚；而远离小人则是因为他们人品低下、人格卑贱。

可是小人无处不在，他们是组成庞大社会的一部分，有时候甚至还是你的上司、你的领导，对你的升职和前途有决定性的影响。因此，"小人固当远，断不可显为仇敌"的训诫就显得非常重要了。

小人的种类有很多。有的小人为了充分地显示出自己的高明，喜欢贬损他人；有的小人对于别人强过自己感到心里很不平衡，喜欢通过造谣诬蔑而在心理上得到一种病态的平衡；有的小人是出于一种虚荣的心理和不服气的心理，故意夸大其词；有的小人暗地里使绊子，为的是防止别人跑到自己前面去。

面对不同的小人，父母应该教会孩子用恰当的方法来应对。让孩子知道，与小人相处，讲究的是技巧，切忌与之动气，一旦他们动起气来，一定会怀恨在心，一旦有机会，他们便变本加厉地实施报复、打击。

敬而远之，和他们保持距离。如果实在躲不开，可以和小人保持平淡的表面关系，但千万不要亲密如友，因为小人口蜜腹剑，翻脸无情，让你措手不及，吃不完兜着走。

吃些小亏也无妨。忍一时风平浪静，退一步海阔天空。你可以把小人的暗算当成修行的功课，让自己从中成长，不必和他们过分计较。

言语谦和，不要得罪小人。孩子们千万不要因为难抑的正义感而激烈地公开揭发小人，他们一旦恼羞成怒，一定会记恨在心，伺机报复，会给你带来不必要的麻烦。

也就是说，怎样避免与小人打交道的答案只有一个：完全不与小人交往是不可能的，但我们可以做到不与他交心，坚持不答应、不合作的原则，保持自己的节操，坚守自己的信念。

第 35 讲

不附和——君子固当亲，亦不可曲为附和

《钱氏家训》有言："君子固当亲，亦不可曲为附和。"这句话的意思是说，我们固然应该亲近那些正人君子，和他们交友，但是也不能因为他们是君子，就刻意地迎合他们。

每个人都有崇敬的人，可是与这些人交往，也应该保留自我，而不应该变成附庸，对他们唯命是从。孩子们也应该明白这一点，和人交往的过程中，尤其是和那些自己尊敬和崇拜的人交往的过程中，要为自己保留一片天地。

世界上有很多卓有成就的人，他们在各自的领域取得了很大的成绩，为他人作出了卓越的贡献，也得到了大家的认可和尊敬，因此也就有了大批的追随者和崇拜者。我们每个人的心中都会有自己崇拜或者尊敬的对象，他们或是在人格上吸引我们，或是在气质上吸引我们，让我们乐于与他们交往，希冀从他们的身上学到我们所没有的东西。

但是，在与这些我们尊敬的人交往的时候，要懂得一个"度"，把握好了这个度，就是君子之交，是地位对等的心心相印。这个度一旦失衡，你就可能会在不知不觉中沦为精神上的"奴隶"，成为只懂得随身附和、没有自我思想的空壳。

中国人自古以来都有尊重师长、尊重成功者的传统，这是无可厚非的。这些人做出了更多的贡献，为我们提供了更多的帮助，我们应当尊敬他们、爱戴他们，应当多与他们交往。但与此同时，我们要有独立思考的习惯，有坚持自己观点的勇气。

闻一多先生说："盲目地听从一切者，他一定是个蠢物。他们的头

脑只是别人的跑马场。"伟人往往是高尚伟大的，但他们也是从普通人中崛起的，他们无非是在我们之前找到了前进的"钥匙"，他们不是神，同样是人，对他们，我们可以尊敬但无须迷信，更不应该为了讨取他们的欢心而曲意逢迎。否则的话，就失去了自我，失去了自尊。而如果明知对方错误，还曲意逢迎，则属于谄媚的小人，不但自己毫无人格，还将祸害他人。宋朝叶绍翁的《四朝见闻录》里说："从而附和，曲意逢迎，贻害生民，恬不知恤。"实在是一针见血。

一些孩子常常会陷入一种盲从的困境，不会表达自己的不同意见，只会跟在别人后面说"是"或者"不是"，这对孩子来说是非常有害的。

其实孩子们喜欢顺从别人的意见是很容易理解的。每一个孩子都希望自己是个受欢迎的人，尤其是希望受到老师的欢迎。在别人都说"是"的时候说"不"或在别人都说"不"的时候表示同意，对他们来说都是很为难的事情。

正是因为此，父母更应该加强对他们独立思考能力的培养，要让他们敢于表达自己的意见。

对于孩子来说，建立开放性的思考，才能在未来面临事情时，不被固有思想所围。

钱玄同先生是我国现代著名的文字学和音韵学大师。

钱玄同早年留学日本，在那里他结识了国学大师章太炎。章太炎先生早年投身革命，在学术上的造诣也十分深厚。钱玄同认识他之后，很快就拜他为师，倾心于传统文化的研究。

钱玄同精通文字音韵学，很多见解都很深刻。章太炎和他之间差不多是亦师亦友的关系。钱玄同治学坚持自己的看法，并不拘泥于古板的"师道"和"家法"，这一点当时的人都明白，章太炎先生也丝毫不以为意。

章太炎先生回国后，长期主持国学讲习会。1935 年年末，负责编撰会刊《制言》的潘景郑先生，希望钱玄同能够写稿子。钱玄同多年来潜心研究注音字母和"新式标点"，这与章太炎的主张正好相反。

但是钱玄同并没有因为对方曾是自己的老师就曲意逢迎，也没有回避这个问题，而是明确地阐述了自己的观点。他先指明"白话文虽为馀杭师（指章太炎）摈斥"，然后阐明新标点的好处所在。最后，还是说明自己要坚持使用新标点。

另一位钱氏家族的伟人钱伟长也是以不附和、不盲从而闻名。钱伟长坚持锐意创新的精神，他常向别人说：要尊重学术前辈，要推重他们的人格和学术成就，但是不能盲从。他反复强调"不要去咽别人的唾沫"，遇到问题要独辟蹊径，尽力用新观点、新方法去解决新问题。

与钱伟长接触过的人都知道，他的治学、为人之道讲究一个"实"字。钱伟长最痛恨阳奉阴违、口是心非、弄虚作假的人，为人处世从来都是直言不讳、直来直往。虽然因为这个脾气，钱伟长吃过不少亏，可是他却从来无怨无悔。

1956年，钱伟长参加了我国第一次12年科学规划的制定，并被任命为清华大学副校长。那时候，正是我国全面照搬苏联模式的时期，中国的高等教育自然也选择了苏联式的高度集中和专才教育。

虽然苏联"老大哥"的经济建设和社会建设取得的成就为全世界所惊叹，而且中央的领导人也都认为学习苏联模式是最佳的选择，但是钱伟长却没有随声附和。1957年1月，钱伟长发表《高等教育的培养目标》一文，反对苏联模式中不合理的部分，并且提出要理工合校、重视基础学科等意见。他认为，苏联的高等教育对基础课很不重视，并不适用，因此就明确地提出反对学苏联。

在一片赞同声中"唱了反调"，钱伟长闯了大祸。不到半年，就被停止了一切工作，不能再为学生上课，只能去做实验室助理。可是即使是遭遇了这样的风波，他不附和、不盲从的信条还是没有改变。

钱氏家族的另一位科学巨人钱三强也是这样一个"不附和"的人。老一辈气象学家竺可桢曾经把他的科学精神总结为："追求真理，不盲从，不附和，不武断，不专横。"其中的"不附和"就是重要的一条。

对钱玄同和钱伟长来说，不附和、不盲从不但是一种学术态度，也是一种人生理念。面对权威不盲从，面对领导不逢迎，这的确是十分难得的作为。

崇拜别人，不能迷失自己。当我们崇拜别人时，要取其精华，弃其糟粕，让别人的优点与自己的长处相互融合，形成一个更完美的自己，而不是对方说什么我们都要毫无理由地相信，对方做什么我们都毫无理由地支持。否则，很容易失去自我，甚至酿成大错。

毛泽东同志带领中国人民经历了几十年艰苦卓绝的战争，终于建立了人民当家做主的新中国。人们尊敬他，爱戴他，可是不少人却在这个过程中失去了自我，将尊敬等同于盲从，最终发展为"个人崇拜"，酿成了十年浩劫，这就是"亲君子却曲意附和"的惨痛教训。

《钱氏家训》对"不附和"的重视在今天的意义也十分明显。有一位外国老师曾这样说到自己来中国后的经历：中国的学生非常尊敬老师，但是对教师的尊重从某种程度上来说竟然成了课堂学习的障碍。因为不少学生认为，尊敬老师就意味着少提问题，不能与老师有不同的意见。在国外教学时，老师和学生则多数都是平等地参与讨论，即使面对尊敬和喜欢的老师，孩子们也常常毫不留情地提出不同的意见，指出老师的错误。这一对比所展示出的不同心态，值得我们深深思考。

在伽利略之前，亚里士多德对于自由落体的错误理论统治了人民的头脑两千多年。伽利略对这位科学前辈非常尊敬，但是当他以清醒的头脑发现了自由落体定理之后，很快就力排众议，提出了自己的科学理论。如果伽利略选择了盲从，那么人类就还要在盲目迷信中行走很多年。

要想使自己的孩子成长为一个不随声附和、不盲从的孩子，家长一要培养孩子独立思考的习惯，二要培养孩子的自尊心。

父母要鼓励孩子独立思考问题的答案，鼓励他们发表自己的看法，在孩子发表自己的意见时，即使孩子说错了，家长也不要责怪孩子，而要进行积极地引导。

　　父母还要具有强烈的教育意识，注意抓住有益的教育时机，充分利用家庭的日常生活，对孩子进行相应的自尊教育。让他们明白，只有表达自己，别人才能听到你的声音，做别人的附庸，不敢表达自己，只能日渐被忽视，最终失去自我。

第4篇

谈国家——利在天下者必谋之

第 36 讲

立场——执法如山，守身如玉，
爱民如子，去蠹如仇

　　《钱氏家训》有言："执法如山，守身如玉，爱民如子，去蠹如仇。"这句话的意思是说，执法要严格，不能随意变通；守身要谨严，不能放弃节操；要爱民如子，对那些丑恶的人和事，要像对待自己的仇人一样。这句话告诉人们，人生在世，立场非常重要。孩子们也应该明白，无论做任何事，都要有正确的立场，要坚持自己的立场不动摇。

　　立场的表面意思就是你所站立的场地，引申来理解，就是你在认识问题、处理问题时持什么态度、站在哪一方。比如，在面对一个重大问题时，周围出现了几种不同的意见，坚持那些意见的人有你的领导，有你的朋友，有你的家人，你是站在你认为正确的一方，还是看谁能决定你的命运、谁的官大就站在谁的一边，抑或是看谁和我的关系亲近就站在谁的一边，这就是立场的选择。

　　认准了就不动摇就是立场坚定，左右摇摆就是立场不坚定。面对问题的时候自己不能解决是个能力问题，而立场如果不坚定，就是品质上的问题了。

　　选择正确的立场并不是一件容易事，尤其是周围大多数人和自己的选择不一样的时候，人们的立场更容易改变。要做到立场坚定，就要有正确的人生观做基础，只有这样，我们才能正确判断自己的立场是否准确，是否出现了偏差。

　　可以说，相信谁、依靠谁、为了谁，是否始终站在最广大人民的立场上，是判断理论和实践是非得失的分水岭，也是判断政党和国家先进落后的试金石。

当前，很多人在生活中容易丧失自己的立场，他们为他人谋福利的观念淡薄，损人利己的思想严重，不相信别人，不尊重别人，不敢坚持自己的做人准则，在上级领导和财富的诱惑面前，立场不坚定，站不稳脚跟，最终带来了不少的社会问题，也给自己的形象造成了很大的损害。

在如今的市场经济条件下，父母要始终保持清醒的头脑，必须明白，教会孩子坚定自己的立场并不会让孩子在社会中变成只会吃亏的"老实人"。始终坚持正确的人生方向，用正确的价值观展现思想的力量，这一点对任何人都显得尤为重要，对孩子来说更是如此。

父母要让自己的孩子知道，作为一个生活在社会中的人，当然要追求经济效益，当然要和别人保持良好的关系，但这并不是说追求利益的时候就可以不择手段，并不是说为了和别人搞好关系就要随声附和、趋炎附势。在与人交往的过程中，如何平衡坚持立场和与人和睦相处之间的关系，需要很大的智慧。

钱伟长是闻名世界的教育家、科学家。他热爱祖国，一生都在追求进步。

"九·一八"事变后，具有强烈爱国思想的钱伟长听到消息，毅然决定弃文从理以"科学救国"。1935年，为了反抗日本的侵略，华北的学生们开展了"一二·九"运动。在运动中，钱伟长作为自行车队副队长，带领部分清华大学的学生南下宣传抗日救国。1937年，北平（今北京）沦陷，钱伟长辗转天津，在天津的耀华中学任教近一年。

1939年初，在西南联合大学讲授热力学的钱伟长与孔祥瑛结婚。1939年7月，钱伟长参加了中英庚款基金委员会第七届留英公费生考试，在数千考生中脱颖而出，和郭永怀、林家翘3人同时被录取。

没想到，战争形势的发展却对他们的留学之路造成了障碍。这年9月，英国对希特勒德国宣战，轮船停开。到1940

年1月初，中英庚款基金委员会再次通知留学生到上海集中，准备改去加拿大，并委托一个英国人和他的买办为留学生办理各项出国手续。

钱伟长和同学们把行李搬上了"俄国皇后"号的甲板，等待着开航。当护照拿到手的时候，钱伟长等人发现护照上竟然有日本领事的签证，这让大家愤怒无比。他们下船与那个英国人交涉："日本正在武装侵略我们，是我们的敌国，我们为什么要敌人的签证？"

那个英国人也很无奈，向他们解释说有了日本的签证，他们在途中可以少受干扰，这样做也是为了"照顾"他们。钱伟长和同伴们义正词严地拒绝了这一"照顾"，说道："我们是中国人，要维护国家的尊严。宁可不去留学，也不要日本人签证！"然后一起扔掉护照，放弃了出国。

一年之后，他们才得到了新的护照，大家见护照上不再有日本领事的签证，这才搭乘"俄国皇后"号前往加拿大。

在美国的时候，钱伟长、钱学森、郭永怀等人虽在异乡，却无时无刻不惦记着祖国。他们几个人经常在一起讨论，说将来一定要回去办一个比美国加州理工学院还要好的大学，让美国人到中国来留学。这个梦想支撑着钱伟长，1946年，他带着这一梦想回到祖国，回到了自己的母校清华大学。

1947年，有人带来美国有关方面对钱伟长全家赴美工作生活的邀请，对方提出的条件非常优厚，不过在表格的最后一栏，却有明确的要求，即要求钱伟长宣誓：一旦中美交战，则钱伟长要忠于美方。

当时中国大陆的解放战争正进行得如火如荼，中美交战的可能性并非没有。面对这样的条件，钱伟长明确地回答了"NO"，予以拒绝。面对国民党政府的反动统治，钱伟长积极参加了反美扶日、反内战、反饥饿、反美援面粉等进步运动。

新中国成立之后，钱伟长积极参加和领导教学、科研活动，学术上进入了第二个丰收期。但是，1957年的噩梦打断了这一切，他被剥夺了所有的 29 个社会职务，而且从一级教授降为三级教授，后来甚至被剥夺了公开进行科研、发表论著的权利。这对于一位热诚的科学家，是何等重大的打击！

但是钱伟长并没有改变自己报效祖国、献身科学的立场，他默默忍受，等待着科学的春天。"文化大革命"结束之后，钱伟长得以洗刷身上的不公正。他在一篇文章中写道："'四害'已除，重新获得了科学工作的权利，欣逢 1978 年党中央号召'实现四个现代化'并召开全国科学大会，春风拂人，奋起之情油然而生，虽已年近七旬，还能为四化服务效力，感到无限幸福。"

1990 年以后，钱伟长任中国海外交流协会会长、中国和平统一促进会会长，又为祖国香港、澳门的回归及和平统一祖国的大业奔走，献上他的一颗忠诚的心。他的默默奉献得到党的第三代领导人中共中央总书记、国家主席、中央军委主席江泽民同志的高度赞扬。

钱伟长的一生经历过种种波折，可是不论自己身处什么样的环境，他都从没有改变过自己的立场。面对旧中国积贫积弱、没有国际地位的现实，他不放弃自己的立场，坚持不要日本人的护照；面对"文化大革命"中"四人帮"的淫威，他不放弃自己的立场，坚持默默奉献，为新时期的到来积累着。钱伟长用自己的实际行动为我们展示了一个立场坚定的人如何去面对纷纭的世事。

立场是我们认识处理问题的立足点、出发点、归宿点。立场决定观点方法，决定态度感情。毛泽东同志曾经指出："路线不正确，有了也可以丢掉。路线是个纲，纲举目张。"对于我们每一个人而言，或许也可以这样说："做人如果立场不正确，有了也可以丢掉。立场是个纲，纲举目张。"

在市场经济条件下，在多元化的价值环境里，在各种娱乐至上、消费至上、物质至上的风尚中，讨论立场的问题，仍然具有现实意义。确切地说，人的一生就是一种立场的表达，既无法放弃，也回避不了。承认立场、正视立场、积极自觉地选择立场，是我们的人生之路走向辉煌的根本之道。

胡锦涛同志曾经指出："我们说领导干部必须坚定正确的政治立场，这个立场就是工人阶级和人民大众的立场。"这句话对我们普通人也具有指导意义。什么样的立场是正确的呢？对大多数人有利、能够为大多数人谋福利的立场就是正确的；什么样的立场是错误的呢？损害人民大众的利益、追求个人福利的立场就是错误的。

作为父母，除了要帮助孩子判断正确的立场和错误的立场之外，还要让孩子明白坚持自己的立场与刚愎自用的区别。孩子们的社会经验比较少，阅历也不丰富，在为人处世的时候常常会陷入盲目坚持的误区，显得有些刚愎自用。

这时候，父母不应该粗暴地干涉，而应该通过引导让孩子看到自己所坚持的立场在哪些地方是错误的，是片面的，只有这样，孩子才会不断学习，不断修正自己的立场，进而更加坚定。否则，看到孩子的立场错误而不加纠正和引导，只会让孩子在错误的道路上越走越远。

第 37 讲

治国——严以驭役，宽以恤民

《钱氏家训》有言："严以驭役，宽以恤民。"这句话的意思是说，作为一个领导干部，管理属下的时候一定要严格，而对待人民的时候一定要体恤民情。这句话讲的是一种领导的艺术。

官与民的关系一直都是中国历史上讨论的重点。唐太宗将皇帝与百姓的关系比作舟与水的关系，说"水可载舟，亦可覆舟"。这句话用来形容官与民的关系同样恰当。"治吏"与"治民"孰重孰轻的争辩在中国已经存在了千年，除了个别朝代外，当官还是件既舒服又体面的事情，而百姓需要在朝代的更迭中体味"兴，百姓苦；亡，百姓苦"。

因此，一些有识之士很早就提出了"治民先治吏"的理念，古人云："圣人治吏而不治民。"明代学者吕坤在《呻吟语·治道》中说："变民风易，变士风难；变士风易，变仕风难。仕风变，天下治矣！"这句话和这里所说的"严以驭役，宽以恤民"道理相似。

的确，不能治吏，何以治民？所以，治国的根本目标不是治民，而是治吏，是治理政府，是限制政府官员"胡作非为"。在这个基础上体恤百姓，才能做到长治久安。

人民是国家的根本，因此治国先要治民。但治民主要还在于调理民心，民心思安的话国家就容易安定，民心思乱国家就容易动乱。简单来说，就是"国家兴亡取决于民心向背"。周朝时候，周厉王不体恤百姓，终于遭到驱逐；秦朝时候，对百姓残暴无比，终于导致陈胜、吴广揭竿起义；东汉末年，吏治腐败，导致了黄金大起义；到了现代，国民党反动王朝不体恤百姓，官场腐败，虽然有先进的美式装备，还是被中国共产党领导的人民解放军推翻。这一件件铁的事实证明一个真理，即"水能载舟，亦可覆舟""得人心者得天下，失人心者失天下"。

官吏肩负国家兴衰的重任，手握百姓的生杀大权，官员的好恶，决定着国家的命运。同时，各级官吏又是和百姓联系最紧密的人。因此，要想使民心安定，就必须加强对官吏的治理，使其效忠国家，服务人民，令其遵纪守法，尽心尽责。

《钱氏家训》中要求治理国家者对下属要"严"，对人民要"宽"，这种宽严相济的艺术，在我们日常的处世中也有借鉴意义。"严于律己，宽以待人"就是其中的一种。

明代洪应明在《菜根谭》中所推崇的处世之道——"待人要宽，律己要严"得到了很多人的信奉。某位著名的 IT 经理，在总结自己的成功经验时说："在我看来，人生其实很简单，归根结底就是八个字，'严于律己，宽以待人'。如果能做到这一点，许多事情就能豁然开朗！"

父母应该教会自己的孩子，让他们学会待人处世中的"宽严相济"的艺术：对于别人的过失和错误应该采取宽恕的态度，而如果错误在自己那么就不能宽恕；对于自己遇到的困境和屈辱应当尽量忍受，如果困境和屈辱在别人身上就不能袖手旁观，忍心不顾。

孩子们自己也应该明白：对自己的"严"，不是吃亏，对自己越严，自己就越能够完善，越能够成长；对别人的"宽"，能够体现自己的仁爱宽厚之心，最后获得更多的朋友。

唐朝末年，爆发了黄巢起义。这次起义很快波及全国，前后仅用六年，起义军就攻陷了唐王朝的首都长安。其后，轰轰烈烈的农民大起义被镇压了，但伴随而至的藩镇割据和军阀混战，加速了唐王朝的土崩瓦解。

黄巢起义之后的 50 余年中，中原一带先后更替 5 个王朝，变换了 13 个皇帝，平均每十年改一次朝代，每四年换一个皇帝，其中的 8 个皇帝是在改朝换代的争斗中被杀身亡的。这时候的中原地区，战乱频繁，政局动乱，百姓罹难，对社会和经济破坏之惨烈，不言而喻。很多小国不断征战，政权变换非常频繁。

可是在这一片混乱之中，吴越国却如世外桃源，出现了少有的经济繁荣。

吴越国在钱王"善事中国，保境安民"的基本国策的指导下，大力发展农田水利基本建设，发展手工业、商贸业和文化事业，扩建杭州、苏州等中心城市，成为当时经济文化发展最快的地区。

吴越国的开国者钱镠21岁弃商从军，后来钱镠由于战功被唐王朝授为镇海、镇东等军节度使，他也由此建立了包括苏州（江苏南部）、浙江全境和福州（福建北部）共拥有一军十三州地域的吴越国。

钱镠网罗天下英才，他取意周公"吐哺握发"的故事，把居室取名为"握发殿"，表示"礼贤下士"。凡北方流徙到南方的人，他都要选择其中的优秀者加以任用。由于他搜罗人才，不遗余力，因而吴越人才济济。天祐二年（905年），他建功臣堂于府门之西，立碑记录幕僚将校功臣名氏五百人，气魄大得惊人。

钱镠深知人民饱受战乱之苦，从不主动向周边国家施加武力，而是一心一意地搞经济建设，让人民安居乐业。为了让农民更好地从事农业生产，他耗巨资修筑了石质的捍海塘。同时大兴水利，鼓励广种桑麻，开辟荒田。

经过这些努力，吴越国的经济发展很快，一斗米的价格只有十文钱。这与中原地区连年征战、十室九空的惨状相比，真不啻是"天堂"了。不但农业生产进步很快，这一时期，吴越的丝绸、瓷器、茶叶、工艺品等手工业和"铸山煮海"的盐铁业也十分发达。

为了和周边地区搞好关系，为人民安居乐业营造一个好的环境，钱镠还积极发展同日本、朝鲜、伊朗等的友好交往和贸易运输。

932年钱镠死后，他的儿子钱元瓘及孙子钱弘佐、钱弘俶相继即位。钱氏家族治理下的吴越国对"保境安民、繁荣经济"的基本国策一以贯之，继续广纳人才，奖励工农业生产，同时治理官吏腐败现象，经济繁荣，文化昌盛。史书上说"钱塘富庶、盛于东南"，名副其实。今天我们可以毫不夸张地说，长江三角洲地区的繁荣始自钱王开创的吴越时期。

在五代十国的混乱之中，钱镠与其后辈整肃吏治、体恤百姓，使吴越国获得了长足的发展，成为经济发展、文化进步的天堂。可以说，《钱氏家训》中有关"严以驭役，宽以恤民"的要求正是钱镠等吴越国几代君王的真实写照。

我国早在先秦时代的法家就悟出了这个道理。韩非子说："闻有吏虽乱而有独善之民，不闻有乱民而有独治之吏。故明主治吏不治民。"明末清初的哲学家、思想家唐甄所著《潜书》中也曾明确指出："天下难治，人皆以为民难治也。不知难治者，非民也，官也。"

宋代学者朱熹深受儒家爱民传统的影响，对当时官员普遍缺乏爱民、惠民之心甚为不满，明确主张："为守令，第一是民事为重。"他深谙"宽严相济"的为政之道，相对"临民以宽"，他对官吏却是严格管理，对"若曰令不行，禁不止，而以是为宽"的思想坚决纠正，认为使老百姓真正得到实惠，就必须严格管理，严肃法纪，严惩害群之马。朱熹在任浙东茶盐公事期间，时间虽短，但以弹劾贪官污吏而闻名朝野，刮起一阵镇豪惩贪的"朱旋风"。

新中国成立初期，毛泽东同志说："治国就是治吏，礼义廉耻，国之四维，四维不张，国将不国。"这话和《钱氏家训》中有关"严以驭役，宽以恤民"的治国方法有异曲同工之妙。

其实，"严以驭役，宽以恤民"的治国方法并不仅仅适用于治国。它对于治理一个小企业、促进一个人的发展也具有重要的意义。

对于治理企业来说，企业管理的重心最关键的还不是一线员工，不是他们不重要，是很重要，但是领导者无法对每一个员工实施管理，领导者要做好中层管理者的治理。这时候，要宽以待"员工"，严以待"中层管理者"。

对于孩子的成长来说，也需要从"严以驭役，宽以恤民"的要求中汲取营养。父母要让孩子明白，人们之间相处，需要"严于律己，宽以待人"的态度。要让孩子"严于律己"，让他们习惯于严格要求自己，自觉做到自我批评和自我检讨。要让孩子"宽以待人"，让他们面对各种误解和委屈时不要心怀怨恨。让他们不要过高要求别人，允许别人有缺点；让他们给别人时间和机会去改正缺点；让他们不要评论别人的缺点，不要宣传别人的缺点，更不要抓住别人的缺点不放。

第38讲

爱民——官肯著意一分，民受十分之惠；
上能吃苦一点，民沾万点之恩

《钱氏家训》有言："官肯著意一分，民受十分之惠；上能吃苦一点，民沾万点之恩。"这句话的意思是说，当官的人如果能够把老百姓的事多放一点在心上，自己肯多吃一点苦，老百姓就会得到更多的实惠。这句话是要求领导者要能够多为下属着想、多为老百姓着想，不要只想着为自己谋福利。

从古至今，官员是否能勤政爱民都是百姓评判官员的重要标准。官员心里有群众，群众心里才会有官员，以什么样的思想感情、什么样的态度对待群众，是衡量一个官员素质高低、工作作风优劣的重要方面。这一点在现在仍然有积极的意义。

"唯有真诚最感人。"领导者一定要饱含深情地对待群众，要以朋友、兄弟姐妹、儿女身份去同群众相处，努力体现"公仆"情怀，体现"人与人"之间的真正情义，在群众最困难的时候出现在群众面前，做到心与群众贴在一起。只有这样，群众才会把党的领导者视为"贴心人"。

不少人认为做官只要不贪钱就是好官，实际上不贪钱只是其中的一个标准。作为一个领导者，只有做到勤政，才是真正的爱民。常言道"苛政猛于虎"，这是形容在旧时代统治阶级的苛捐杂税之害让老百姓感觉比老虎还要厉害。在现代社会中，"苛政猛于虎"的现象已经一去不复返，但现实中的"怠政烈于虎"却实实在在地搅动着如今老百的生活。

领导者的工作职能主要是促进国家的和谐、稳定、发展，其工作成效关系到国家前途、人民福祉。因此，必须为国家负责，为人民负责，恪尽职守，勤于政事。勤政是对领导者政治素质、思想品德的基本要求。

心系群众鱼得水，背离群众树断根。领导者只有情为民所系，才能在群众心里有位置，才能有好的口碑。对一个执政党来说，也只有坚持以最广大人民的根本利益为出发点，才能被人民视为真正的代表，才能真正保持与人民群众的血肉联系，得到群众的真诚拥护和爱戴。

作为官员，需要勤政为民，让老百姓多从自己的付出和汗水中获得更大的利益。对一个人来说，则要多为别人付出，在付出中感受快乐。

每一位父母都希望自己的孩子健康成长，成为社会的栋梁之材。但在现实生活中，目前独生子女一代的孩子们所表现出来的"以自我为中心"，为他人和社会服务意识淡薄的种种问题，已经严重影响了他们的健康成长。

陶行知先生说过："最重要的教育是'给的教育'。"一个不会给予、不会关心和服务他人的孩子，很难想象他长大后能成为一个对社会有用的品格高尚之人。

一些父母喜欢过分地保护孩子，殊不知受到过分保护的孩子，很难体验到在服务他人中享受到的与人交往的情感、价值观和社会归属感，进入社会后，容易形成被动、依赖、孤僻、懒惰和抑郁的性格。

因此，父母要适当放手，让孩子在为他人服务中发展自我意识、自我评价和自我控制，并发展独立性，从心理上体验到自己是社会的一员，进而主动适应社会，去探索，去努力发展自己。

吴越国开国之君钱镠实行"保境安民"的基本国策，兴修水利，重视农桑，开拓海运，发展贸易，体察民情，服从中央，是我国历史上一位难得的具有远见卓识的政治家、军事家。他不仅是"上有天堂、下有苏杭"的奠基人，而且是今日"长三角"繁荣的奠基人。

在吴越国第五代国王钱弘俶时，整个中国的形势发生了剧烈的变化，经历了五代十国时期的大混乱、大分裂之后，中国再度出现了统一的大趋势。

公元960年，赵匡胤在发动了著名的"陈桥兵变"之后黄袍加身，夺取了后周政权自立为王。赵匡胤建立北宋之后，四处征战，逐渐将北方几个小国家全部消灭。此后，北宋又继续南下，连克后蜀、南汉这两个南方的小军阀，直逼南唐和吴越国。

公元974年，赵匡胤准备攻打南唐。南唐国主李煜是当时有名的词人，但是南唐的国力却无法与北宋相抗衡。李煜不愿投降，于是写信给吴越国王钱弘俶，希望两国能够联合起来抗击北宋，以免于覆国的命运。

就在钱弘俶收到李煜的信之后不久，他很快又收到了北宋皇帝赵匡胤的信。赵匡胤的信中希望他能够联宋灭唐。面对着两个选择，钱弘俶不免有些为难。

对钱弘俶来说，联合南唐抗击北宋，如果成功，那就复制了三国孙刘联盟中的"赤壁之战"，从此三分天下，成就一番霸业。如果联合北宋灭唐成功，那么自己家族苦心经营数十年的吴越国也必将作为北宋的另一个敌人，很快也将不保。这时的他有两个选择，但无论哪个选择都将左右历史的进程。

钱弘俶的先祖、开国国君钱镠一生追求和平，他被封为吴越国王后，将一生征战的盔甲投入家乡一井中加锁固封，表示不复用之，专事发展经济，以济苍生，此井史称"锁井"。他临死的时候，曾经留下了"子孙善事中国，勿以易姓废事大之礼"和"如遇真主宜速归附"的遗训，希望以后天下局势变化的时候能够实现和平统一，使人民免受灾祸。

面对北宋的强大实力，钱弘俶经过仔细思考之后，做出了痛苦而明智的抉择。他决定遵从先祖的遗训，"纳土归宋"。

公元978年1月，钱弘俶祭别祖先陵庙时，失声痛哭道："孙儿不孝，不能守祭祀，又不能死社稷。"悲伤得几乎不能站立。稍后，他将吴越国所辖13州、86县的55万户及11.5

万兵卒全部献归北宋王朝，成为十国中唯一不通过战争手段而"和平过渡"的政权。

钱弘俶的纳土归宋使百姓又一次避免了一场战争，成为中国和平统一的先河。自此，整个中国基本被宋太祖赵匡胤给统一了，而钱弘俶也因为曾经帮助过北宋而被封邓王，并和宋太祖结成儿女亲家。

钱氏善事中原，保境安民，顺应潮流，维护统一的历史壮举，是我们中华民族一笔巨大而珍贵的遗产，值得继承和发扬光大。

吴越国历代国君"保境安民"，勤于政事，发展生产，为民谋福利，在关键时刻，不以一族一姓的兴替为念，而以百姓的安定为要务，毅然和平过渡，为后世留下了丰厚的遗产。

爱民，不但要把人民放在心上，还要敢于奉献，愿意付出，对于领导干部来说，就是要勤政。毛泽东同志曾经说："大公无私，积极努力，克己奉公，埋头苦干的精神，才是可尊敬的。"这里的"积极努力，克己奉公，埋头苦干"指的就是勤政。

勤政的根本目的是执政为民，紧紧围绕为民宗旨开展工作。南宋官员朱熹最憎恨当时一些官员为图省事，"以不见吏民，不治事为得策"，对百姓的呼声不理不睬，打着宽政的旗号，尸位素餐，荒于政事，甚至惑于"阴德"之论，不敢大胆惩处害民之徒。他明确指出："救弊之道，在今日极是要严。不严，如何得实惠及此等细民。"清代李文耕给后人留下一句名言："官不勤则事废。"

爱民，就要勤政。安于现状、得过且过不是勤政；不求有功但求无过，亦非勤政；只顾上级看法不及群众想法，更非勤政。真正意义上的勤政，是"采得百花成蜜后，为谁辛苦为谁忙"的奉献精神，是"春蚕到死丝方尽，蜡炬成灰泪始干"的忘我精神。勤政爱民的人，是将自己的工作建立在"衣带渐宽终不悔，为伊消得人憔悴"的惜民心态的基础上，以"公"字为圆心，以"民"字作半径，以"勤"字为周长画圆，不安于现状，不断开拓进取，这才是真正的"为人民服务"。

社会上流行一句话：真正的领导即是服务。服务型的领导，作为领导者的最高境界，强调领导者要向他人提供更多的服务，工作中顾全大局，增强服务意识。对于孩子们来说，他们固然不一定个个长大后都能成为领导人物，但从小培养孩子在服务他人中成长，的确能够造福他人，更能造就孩子自己。这一点所有的父母都应该了解。

父母可以通过角色游戏来帮助孩子树立服务他人的意识。游戏中可以设计商店服务员、餐厅服务员、讲解员等角色，让孩子们通过这些角色的扮演学会承担为别人服务的责任，这样做可以大大增强孩子对服务的认识与理解，让他们逐渐懂得服务的意义，了解服务是一项为帮助他人而做的工作。同时，对他人给予的服务，也会珍惜并产生感激之情。

父母也可以在家庭中为自己的孩子提供服务的机会，如让他们帮助自己取物品、做简单的卫生工作、帮父母捶背等。家长的适当引导和服务机会的创造，能让孩子内心获得满足感，使他们更加珍惜成人的劳动和对自己的关心，同时增强服务意识。

第 39 讲

谋天下——利在一身勿谋也，
利在天下者必谋之

《钱氏家训》有言："利在一身勿谋也，利在天下者必谋之。"这句话的意思是说如果只是对自己一个人有利，那么就不要去谋划；如果对天下人都有利，那么就一定要去做。孩子们要明白：每个人都是社会的一分子，因此必须有胸怀天下的气概，不能仅为自己打算，而应该考虑更多人的利益。

直白一点说，"利在一身"而谋，是利己的个人主义；"利在天下"而谋，是利他的集体主义。而概括起来说，则是"以天下为己任"的壮烈情怀。

在我国古代，以孔子为代表的儒家倡导"仁者爱人"，并将其仁爱思想推而广之，以至于天下万民，要求儒者"以天下为己任"。我国古代很多人以此为出发点，将"为天地立心，为生民立命，为往圣继绝学，为万世开太平"作为自己的理想追求，激荡着儒者灵魂深处的社会责任感和历史使命感。可以说，儒家抱有强烈的政治信念与社会责任感，儒者经天纬地、利济苍生，透显出对国家天下的强烈的担当意识和济世情怀。

在现在的中国，每个家庭一个孩子的现象很普遍，不少家长把孩子捧在手心里，结果把孩子宠成了小皇帝、小公主，孩子从小就养成了自私自利的性格，以自我为中心的思想比较严重，为别人着想就已经很困难，就更不用说为大多数人着想了。

一个人如果从小就自私自利，只顾自己，不顾他人，不顾社会，那就很难成为一个受人欢迎的人，更难以在群体里立足。可以说，凡是有人群的地方，对自私自利都嗤之以鼻。对于个人来说，能不能为多数人着想，关系到他是否能建立良好的人际关系，是否能获得满意的社会地位，从而必然影响他的身心发展和事业发展。因此，必须教育孩子从小养成多为他人着想的好习惯。

肯为更多人着想的孩子，都会有一颗善良的心，一颗同情别人的心。华盛顿大学的斯托特兰德博士通过研究发现，鼓励孩子去想象别人的感受或是设身处地为更多的人着想，是有效培养孩子爱心和责任心的好方法。

钱学森是新中国成立之后第一批返回国内的科学家之一。1935年，钱学森赴美留学，到美国后，他先在麻省理工学院航空系学习，成绩优异的他仅用了一年就获得了航空机械工程的硕士学位。

毕业之后，钱学森经过短暂的考虑之后，开始进行航空工程理论的研究。加州理工学院是世界上第一个航空系的诞生地，这里的航空工程理论研究处于学术界前列。幸运的钱学森到这里之后遇到的老师是驰名世界的空气动力学家冯·卡门。

冯·卡门对钱学森十分青睐，他指导钱学森选择了当时最尖端的科学领域——高速空气动力学作为博士学位的课题。也正是在读博期间，钱学森加入著名的"火箭俱乐部"，成为火箭研究的先驱者之一。

"火箭俱乐部"对火箭的研究经历了最初的艰难之后，取得了不小的进展。这项新科技很快引起了美国航空工业界和军方的重视。时任美国陆军航空兵司令的亨利·安诺德还亲自到加州理工学院参观了他们的实验室，给予了很高的评价。

第二次世界大战期间，出于战事的需要，钱学森等"火箭俱乐部"的成员也开始参与军事项目的研究。战争结束前夕，钱学森因为卓越的贡献，被授予上校军衔。军方还给他开出通行证，准许他出入五角大楼。

美国作家密尔顿·维奥斯特对钱学森做出这样的评价：
"他对美国建造第一批导弹起过关键性的作用，是制定美国空军从螺旋桨式飞机向喷气机，并最终向无人航天器过渡的长远规划的关键人物，是帮助美国成为世界第一流军事强国的科学家银河中的一颗明亮的星。"美国海军次长丹尼·金布尔则"量化"了钱学森的价值，他说："无论在什么地方，他都抵得上5个师。"

如果继续待在美国，钱学森的前途必然是一片光明。可是，当从报纸上得知新中国成立的消息时，他却毅然决定回到一穷二白的中国，开拓自己的新天地。

为了阻挠钱学森，美国联邦调查局逮捕了他，把他关押在特米那岛上的拘留所进行残酷的折磨。后来，由于钱学森的抗议和美国友人的帮助，移民局不得不将其释放，但仍然对他进行监视。

钱学森被困的消息引起了新中国领导人的高度重视。1955年，中美大使级会谈在日内瓦召开。会议期间，中国政府就钱学森的问题提出了交涉，美国政府迫于压力，只好准许钱学森离境。虽然这次会议并没有取得什么政治上的积极成果，但是却要回了钱学森，周恩来总理因此非常欣喜。

1955年9月17日，获得自由的钱学森一家乘船离开了美国。他在经历了5年的软禁和特务跟踪的不自由生活后，终于到达了深圳。钱学森和前来接待的人相互恭喜，兴奋异常。短暂的接触就使钱学森意识到了新中国的巨大进步，离开深圳到达广州后，他急着上书店买《宪法》《五年计划》等阅读，要了解自己即将生活的这个既陌生又熟悉的国度。

10月28日，钱学森一家到达北京。第二天，钱学森和夫人蒋英就接到周总理的邀请，前往中南海。周总理紧紧握住他的手，说道："学森同志，欢迎你归来，我们的国家太需要你了！"

归后的钱学森全身心地投入到国家的建设之中。他主持完成了"喷气和火箭技术的建立"规划，参与了近程导弹、中近程导弹和中国第一颗人造地球卫星的研制，直接领导了用中近程导弹运载原子弹"两弹结合"试验，为新中国的成长做出了卓越的贡献。

钱学森先生不顾自身安危、不计个人得失，为了新中国的富强，为了整个中华民族崛起于世界，放弃了优厚的待遇，回到一穷二白的中国，从零开始，从基础起步，终于带动新中国的科技走向迅速发展之路。钱学森的精神和古仁人志士"以天下为己任"的情怀何其相似！

无论是屈原的"长太息以掩涕兮，哀民生之多艰"，范仲淹的"先天下之忧而忧，后天下之乐而乐"，还是顾炎武的"天下兴亡，匹夫有责"，林则徐的"苟利国家生死以，岂因祸福避趋之"，他们的共同之处都在于把自己的命运同国家和民族的命运连在一起，而钱学森则用自己的行动为这些豪情壮语做了最完美的诠释。

现代著名报人邹韬奋从做记者、写文章，到办报、办刊、办书店，他用文化事业唤起民众抗日救国，不仅是中国近代文化史上的一位出版大家，更是一个用特殊材料"制造"的优秀共产党员。他坚忍不拔、一往无前，和祖国、与人民休戚与共，被誉为"人民的喉舌"，他对读者满腔热情，却拒绝做蒋介石的御用文人，不计个人得失。以他的名字而命名的中国韬奋新闻奖，已经成为中国新闻界的最高标杆之一。

多为他人着想、以大多数人的利益作为自己的追求，这不仅仅是对共产党员的要求，每个人要想获得更多人的认可，就应该学会从大多数人的利益出发去考虑问题，这一点十分必要。作为父母，也应该帮助孩子做到这一点。

父母要教育孩子遵守公共生活的规则，让孩子认识到，遵守公共生活规则是生存在这个社会上必需的、最简单、最起码的要求。

要教育孩子爱护公共财物，让他们明白公共设施大多数人都要用，并不专属于自己。

要教育孩子遵守公共秩序，让他们明白自己的需求必须在不损害别人的情况下才能够实行，尤其是看到有人破坏规定时，不要出于从众心理也跟着去做，而应该劝阻那些违规的人，为多数人谋利益。

　　要教育孩子维护公共场所卫生，保护大家共有的环境。遇到大扫除和保护环境之类的公益活动，要尽量和孩子一起参加，培养孩子对"公"和"天下"之类概念的理解。

　　每个孩子都要明白：我们都是国家和社会的主人翁，对国家和民族要有一种使命感和责任感，要敢于以天下为己任，少为自己谋蝇头小利，多为大多数人"谋大利"，这才是新时代的儿童应具备的品质。

第40讲

谋万世——利在一时固谋也，
利在万世者更谋之

《钱氏家训》有言："利在一时固谋也，利在万世者更谋之。"这句话的意思是说，如果一件事情有一时之利当然应该去做，而如果一件事情有万世之利就更应该去做。就是说，做事情要有长远的眼光，不要只看眼前。孩子们也应该从小认识到这个道理，只有这样，才能具有宽阔的眼界。

壁虎的眼光是长远的，因而在遇到危险的时候敢于自断其尾，用眼前的损失来换取长远的利益。而眼光短浅，只能得到蝇头小利，也必将为人所耻笑。

孔子说"人无远虑，必有近忧"，鼓励弟子要目光长远，而不能只看眼前利益。事实上，从古到今，有太多这样的例子。有不少人，他们的头脑足够聪明，也足够厚黑，手段无所不用其极，但是最终难于成就事业。纵观其经历，很多时候都是由于其目光短浅，只顾追求眼前的一点胜算，却坏了自己的名声。

现代社会里，这样的例子实在是不胜枚举。一些经商者为了眼前的一点蝇头小利，不惜坑害消费者，结果导致自己的名声越来越差，终于门可罗雀；一些开发商对旅游景点竭泽而渔，结果使原本洁净、美丽的旅游胜地变得喧嚣烦乱、环境恶化，只好关门大吉；一些人找对象的时候只看到对方一时的甜言蜜语、家财万贯，却不注重考查对方的品质和未来的发展潜力，结果深受其害，追悔莫及。

不少人都如井底之蛙一样目光短浅，每当面对一个问题的时候，他们总是站在自己的立场从自己的角度去看待，一旦被私利蒙蔽了眼睛，甚至会做出损人利己的行为，最终害人害己，这样的事情实在是太多了。

眼光长远，方能真正摘取成功的果实，造就千秋伟业。古之立大事者，不唯有超世之才，亦必有长远的眼光。要成大业者，必须具备长远的眼光。一个人只顾眼前的利益，得到的终将是短暂的欢愉；一个人目标高远，但也要面对现实的生活，只有把理想和现实有机结合起来，才有可能成为一个成功之人。有时候，一个简单的道理，却足以给人意味深长的生命启示。

父母在教育孩子的时候，也必须具有长远的眼光。一些父母总是纠结于孩子一次考试的失利，或者对孩子在某方面的能力不足耿耿于怀，其实大可不必如此。

我们的社会是个多元化的社会，当然也需要多元化的人才，三百六十行，行行出状元，家长要有长远的眼光，不能把分数当做是评价学生优劣的唯一标准。很多在学校里学得不好的学生，走上社会后却大有发展前途的现象就能说明这一点。

父母只有用挚爱去关心孩子，用真诚去感动孩子，用言行去激励孩子，才能对孩子的健康成长起到实质性的作用。

钱易于 1956 年毕业于同济大学卫生工程系，1959 年清华大学研究生毕业，她留校任教，开始了对水污染防治的研究。"文革"结束后，她继续开始了中断许久的研究，在工业废水处理与城市废水净化等领域不舍昼夜地工作，取得了令国际环境工程界瞩目的成果。

1994 年，钱易当选为中国工程院院士，成为清华当时唯一的女工程院院士。她曾应邀赴美国、荷兰、英国、中国香港多所大学进行讲学，被香港大学土木系聘请为荣誉教授。

钱易最著名的名言是："热爱自然，尊重自然；热爱自己并热爱全人类；关切当前并思虑未来。这是新一代人应该树立的新的伦理观，即环境伦理观。人的分工职责各不相同，但保护人类唯一的家园——地球是我们共同的责任。"

钱易院士数十年来致力于水污染防治工程的教学与科研，努力研究开发适合我国国情的高效、低耗的废水处理新技术，对难降解有机物的生物降解特性、处理机理及工艺技术进行了卓有成效的研究工作。

20世纪90年代初，我国经济一路高歌猛进的时候，很多人都为经济的快速发展欢呼，可是钱易却在一片大好的经济发展形势下看到了极为严重的环保隐患。她发现，由于只顾GDP增长，不顾环境保护，环境、生态危机在我国已经相当严重。如果再不重视环保问题，国家和人民必将受到大自然的惩罚。而如果继续按照现在这种只顾眼前、不顾未来的方式发展下去，中国以后的路将越走越难。

为了引起各方面的重视，她一方面以科学家和人大代表的身份在各种学术会议上和公共场合中呼吁政府及公众关注环境保护、落实可持续发展，另一方面开始在任教的清华大学开设《环境保护与可持续发展》这门课程。

她经常在教室里为自己的学生做这样的讲述："青年同学们，祝贺你们进入了高等教育的殿堂！你们将来成为科学家、工程师、法官、律师、社会科学家、企业家、经济管理人才以及各方面的专家，驰骋在祖国建设大战场的四面八方，为把我们可爱的祖国建设得更加繁荣、昌盛和强大而贡献你们的力量。你们切不能忘记，人类必须与自然和谐相处，经济发展必须同环境保护相协调，我们追求今天的进步，绝对不能损害后代人的利益。这就是可持续发展战略要求我们的，我们应该进行的是既满足当代人类需要、又不致损害未来人类满足其需要的发展。"

为了使这门课程更加完善，她下了相当大的工夫。由于她的努力，这门课程的教学指导思想和教学水平、所编写的教材、多媒体教学课件和电子教案等课程建设成果一直在国内保持领先地位。开设环保领域公选课以强化大学生的环保意识这种思路，也逐渐被国内多所院校采用。可以说，钱易参与主讲的这门课程和主持编写的这套教材在国内环保领域开创了先河，起到了巨大的示范和引领作用。

钱易经常对人说："环境保护不仅仅是环境系的事，它是全社会各个行业共同要做的事。只要我们每个人都有环保意识，有可持续发展的观念，我们社会就会更加和谐美好。"

1998 年，她还向清华大学建议，要把清华办成"绿色大学"，受到了学校的重视。

钱易对中国发展路子的思考是很超前的，在 20 世纪中期新中国经济还处于起步阶段的时候，她就在思考经济发展对水环境的破坏问题。如今，这一理念早已成为大多数人的共识，在这期间，钱易女士做出了不可磨灭的贡献。她用自己的研究和实际行动告诉人们，没有长远的眼光，就不会有长远的发展之路。

清代学者陈澹然说："自古不谋万世者，不足谋一时；不谋全局者，不足谋一域。"其中的道理和《钱氏家训》中"利在一时固谋也，利在万世者更谋之"的说法有异曲同工之妙。毛泽东同志有这样的一句诗"牢骚太盛防肠断，风物长宜放眼量"，也是告诫人们要有长远的眼光，不要拘泥于眼前的一点小得小失。

有这样一则寓言故事值得我们来分享：

从前，有两个饥饿的人遇到了一位渔夫。渔夫将一根鱼竿和一篓鲜活硕大的鱼送给他们，让他们自己挑选。第一个人二话不说，就要了那篓鱼，接着就在原地用干柴搭起篝火煮起了鱼，狼吞虎咽地把鱼吃了个精光。但到下顿饭的时候，他就又开始饿肚子了。

第二个人忍受着暂时的饥饿，走了很久终于走到了河边。他用鱼竿钓了一条又一条鱼，从此之后没有再挨过饿。

这是个非常浅显的故事，可是道理却非常深刻。

我们常看到这样的现象，同样的一件事情，让不同的人来做，结果就会大为不同，有差别的不是事情本身，而是做事情的人。由于做事情人的眼光有区别，因此做事的效果也大相径庭。只有那些眼光长远的人，才有着广阔的天地。

比如一个商人，经营眼光的远还是近往往就会决定他的生意能够做多大，以及他用怎样的方式来赚钱：如果拥有一县的眼光，那么就可以做一县的生意；如果有一省的眼光，那么就可以做一省的生意；如果拥有天下的眼光，那么就可以做天下的生意！

人的眼光往往会决定人生的高度和广度，以及以怎样的方式成就自我。通常有长远眼光的人，常常能够不拘于现有的状况，对事物发展做出大胆的预测，具有冒险精神，并且有着睿智的头脑，并非凭空去放远他们的眼光，他们懂得如何能够实现目标。

父母们在教育孩子的时候也不要变得目光太短浅，而要努力做到"高瞻远瞩"，要明白自己对孩子抱持什么样的梦想与要求，才可以让孩子真正的成功与快乐。要规划孩子的人生，不要只规划孩子的学习；要安排孩子的人生，不要只安排孩子的生活。

孩子们也要多学习，多去勇敢地尝试，须知：眼光有多远，世界就有多大。

第41讲

集思——大智兴邦，不过集众思；
大愚误国，只为好自用

《钱氏家训》有言："大智兴邦，不过集众思；大愚误国，只为好自用。"这句话着重强调的是集思广益的重要性。

孔子说："三人行，必有我师焉。"《史记》中有言："智者千虑，必有一失；愚者千虑，必有一得。"又有俗语云："三个臭皮匠，顶个诸葛亮。"这些话都告诉人们，众人的智慧比一个人的智慧大得多。人们要想取得事业上的成功，单单依靠自己的智慧显然是不可能的。因此，人们很早就提出了"群策群力""集思广益"的理念。

汉代杨雄在自己的名作《法言·重黎》中说："汉屈群策，群策屈群力。"意思就是说，汉朝善于发挥集体的作用，大家一起想办法，贡献力量。这句话确实没错，秦朝末年，农民起义勃兴，后来形成了刘邦和项羽争天下的局面。从兵力上来说，西楚霸王项羽手持几万兵，而刘邦只有几千兵；从自身的素质上来说，楚霸王勇猛无比，而刘邦却没什么霸气。然而大战之际，刘邦广泛采纳群臣的建议，项羽却独断专行，终于造成了截然不同的结局。项羽垓下大败，自刎于乌江，而刘邦却借此建立了西汉王朝。可见众人的智慧有多么重要。

美国社会学家戴伊说："正确的决策来自众人的智慧。"一个人的智慧总是有限的，只有那些能集合多数人智慧的人才能真正成大事。一个人的力量是有限的，但能集合多数人力量的人，就可能是无敌的。

在现代社会，集思广益的理念在国家管理、公司运作等方面都有重要的价值。比如对于一个公司的管理来说，有些管理者习惯独断专行，他们把别人的意见当做是对他们权威的挑战和对他们权力的干涉，结果往往造成企业只听从一人的局面，而有才的人只能"万马齐喑"。

其实，这是错误的做法。在团队中，管理者要想成功地做出一项决策，绝不能一味地固执己见。相反，必须善于倾听各方面的意见。换句话说，也就是要集思广益，集众人的智慧和意见，取精华弃糟粕，只有这样，才能使决策取得更好的效果。管理者应该明白，企业的发展不能够只靠上层管理者的决策，而应该靠全体员工，特别是能够集中全体员工的智慧。

对一个国家的管理来说也是如此。越是在困难和复杂的情况下，越是要坚持科学民主决策，只有大家共同出主意、想办法，只有提出的方法经过充分的讨论和论证，做出的决定才能够实现"出手快、出拳重、措施准、工作实"的终极目标。

父母也要明白集思广益的重要性，要告诉自己的孩子：个人的智慧毕竟是有限的，在追求成功的过程中，要善于借重别人的智慧，在众人智慧的共同作用下前进。一旦排斥了别人的意见，自己的人生之路只能逐渐走向死胡同。

1945年，中国的抗日战争结束，第二年，钱伟长从国外留学回国，先后任清华大学教授兼北京大学、燕京大学教授。从此之后，他就一直奋战在中国教育的最前线。据统计，听过他上课的人至少有几万名，他亲自传帮带的研究生大约为百名左右，真可以说是桃李满天下。

钱伟长的教育方法是循循善诱的、启发式的，许多学生都评论说："听钱先生上课是一种艺术享受。"为了能够实现学术力量的最大化，他一直把扶持、提携后进作为他义不容辞的责任。

钱伟长深知，完成任何科研任务，必须发扬团队精神，只有群策群力、集思广益，才能够收到最大的实效。在他从教的50多年中，他在这个理念的指导下带出了一大批科技精英和有用人才。

　　钱伟长先生在国外的时候师从著名物理学家冯·卡门。冯·卡门教授的学术民主作风和举办讨论会的做法对钱伟长的影响非常大。钱伟长回国之后，在清华任教期间，也实行了这种做法。他主持了一系列研讨班，让大家共同讨论，解决了关于圆薄板大挠度等很多问题。

　　改革开放之后的 1983—2010 年，钱伟长任上海工业大学（现上海大学）校长，他借此契机将早年的方法制度化并加以推广。上海市应用数学和力学研究所遵循他的"请进来，打出去，加强学术交流"的办所宗旨，每周四雷打不动地召开研讨会，规定所有研究人员和研究生必须参加。钱先生鼓励参加的人踊跃发问，他经常对学生说："你们应该有满脑子的问题，而研讨会是提问题的好机会。记住：不存在愚蠢的问题，提问题永远是聪明的。"

　　这种做法很快影响到各个部门，所内各分支学科的带头人也纷纷在晚上举办小型的研讨会，大家无拘无束地讨论问题，许多问题就是在研讨会上迎刃而解的。这种做法也使得大批年轻人受益匪浅。一些出国深造的人员，很快就能适应国外的新环境，纷纷感谢研究所对他们开放式的培养。

　　在他的率领下，上海市应用数学和力学研究所不断地进步，完成了几百项重要课题，已发表学术论文 2 000 多篇，人均论文数一直在校内首屈一指。如今，钱伟长开创的研讨会制度已在上海大学广泛推广，学校正在向应用研究型大学的方向前进。

　　而钱伟长的另一个教育理论也同样是出于集思广益的考虑。钱伟长明确提出"拆掉四堵墙"的主张，要求学校"必须实行开放式的办学"，并在上海大学推出了一系列行之有效的教育教学改革。

　　他所说的"拆掉四堵墙"就是要拆掉学校和社会之墙，拆掉校内各系科、各专业、各部门之墙，拆掉教育与科研之墙，拆掉教与学之墙，其中尤以第一点最为引人注目。

钱伟长解释，之所以拆掉学校与社会之间的墙，是为了加强学校与社会、工厂企业的联系，适应上海新的工业结构的需要，改造和发展专业，强调教育为社会服务的办学方针。钱校长说："经济建设和科学技术正在发生着极大的变化，学校必须适应社会的变化，密切与社会的联系，为社会服务，不然办不好学校。"只有这样，教学和研究才没有界限，才能够集中四面八方的力量，实现效益的最大化。

钱伟长的教育思想重视集思广益的重要性，具有启迪未来的先知价值。

生活在社会上的人就像是一滴滴的水，无数的困难就像是大大小小的石块，当这一滴滴的水面对大大小小的石块儿时，往往无能为力，可是一旦这些水滴凝聚在一起，就可以汇成汹涌的浪涛，冲决一切顽石，汇向成功的海洋。

每个人的人生就像是一所大房子，大大小小的事情就是房子的门窗。门窗越多，需要决策的问题也越多。在这个时候，我们个人的智慧经常会显得不够用，所以汇集集体的智慧才是最明智的，这样才能更好地找到正确的方法。

有这样一个现实中的例子可以给大家带来思考。

在美国南加州，一家养牛场有一位很有经验的养牛专家叫拜埃思。拜埃思的眼力超群，牛在进屠宰场之前，经他一过目，这头牛的出肉量上下不会相差两公斤。人们说，拜埃思的眼睛就是一杆秤，所以，大伙儿就叫他"秤"。

有一位饲养员叫比勒。他不服，要与拜埃思比高低，比勒找来30个人，让每一个人面对一头将要进屠宰场的牛说一个出肉的数字。结果，这30个人中没有一个人能比得上拜埃思说得准确。

可是，比勒还是不服输。他将30个人的数字加在一起，再除以30，结果奇迹出现了：所得平均数要比拜埃思的数字更准确。

这就是众人智慧汇集在一起所起的化学反应！

我们经常说，"人是社会性的动物""人不能离群索居"。看看今天，小至家庭大至国家，人类莫不以各种方式聚集在一起，任何人都无法单独过日子，而不与别人发生直接或间接的接触。每个人的头脑都是一座宝库，如果能够尽可能多地把这些宝库集中起来，借助这些宝库的力量去解决面前的问题，那么无论面对多大的难题，我们都将无往不胜。

因此，父母应当教会孩子听取别人意见和建议的本领。要让孩子明白，不论对方身处职位的高低、年龄的大小、是否犯过错误，他们的建议都可能为自己提供一个全新的角度或者难得的灵感。认真听取别人的意见，并不是说自己的能力不如人，而是最大程度上消除自己考虑问题的瓶颈和盲点，最终的目的是走向成功。

第42讲

大智若愚——聪明睿智，守之以愚

　　《钱氏家训》有言："聪明睿智，守之以愚。"意思是说，一个人的聪明睿智，不一定要时时刻刻表现出来，他们在外人看起来很愚痴的行为，有时候恰恰是大智慧的表现。孩子们也应该明白这个道理，为人处世不一定要处处表现出聪明的样子，有时候"装傻"也是一种智慧；与人交往，不一定要处处占尽便宜，学会"多吃亏"也是一种福气。

　　古语云："大智若愚，大巧若拙。"拥有大智慧的人在外人看起来往往显得很愚钝，身手很灵敏的人在外人看起来往往表现得很笨拙。其实，这是一种境界。当人们到达了大智若愚地步的时候，他们的境界可以说已经非常高了，他们不会以一些世俗的事情去表现他们的大智慧，常常认为把时间放在这些毫无意义的事情上面是在浪费人生青春和生命，在他们表现出"愚"的时候，恰恰是智慧的光芒在闪烁。

　　大智若愚的人往往具有开阔的心胸，他们处世有迥异于世人的风范，不为小事所缠身。当大多数人为了自身的利益，锱铢必较、争得头破血流的时候，他们却能泰然应对，安闲自得。

　　大智若愚的人自制力很好，他们能很好地控制自己的情绪，释放自己的情怀。而那些不懂得自制的人稍微遇到一点不公平就一蹦三尺高，最终闹得情绪低落、身体虚弱，实在是得不偿失。

　　大智若愚的人虽"愚"却做事谨慎，考虑周到，顾全大局。

　　看来看去，大智若愚的人无论在智慧、胸怀还是在眼光等各个方面，都是高人一筹，可见，要想做到大智若愚并不是件容易事。

　　但现实生活中，很多人不是"大智若愚"，而是"大愚若智"。他们在什么事情上都想占点便宜，买菜的时候额外多往篮子里放两个西红柿，排队的时候偷偷加个塞儿，以为这样就"够聪明"，实际上却在得了小便宜的过程中失掉了大人格、大人缘。

很多父母在教育孩子的时候也犯了这个错误，以为吃亏的孩子就是"傻孩子"，不吃亏的孩子才够"精明"，孩子小时候懂得不吃亏，孩子长大以后才能处处占尽便宜。其实，这样久了之后，可爱的"小天使""小精灵"也会变成"小霸王"或者"小人精"了。试想，这样的孩子，有哪个老师和同学会喜欢呢？这样的孩子长大以后，别说成才，连成人都不容易。

因此，父母们不妨教孩子吃一点眼前的小亏，与人为善，这样成长起来的孩子才会是看起来有点傻的大智慧之人。

钱三强被称为"中国的原子弹之父"，他是中国发展核武器的组织协调者和总设计师，中国"两弹一星"元勋。钱三强于1913年10月16日的中秋时节，出生在浙江绍兴。

钱三强的本名叫钱秉穹，他是一代国学大师钱玄同的第二个儿子，也正是在钱秉穹出生的那一年，钱玄同开始在北京任教。

1919年，钱三强刚刚6岁，这一年北京爆发"五四运动"，以北京大学为首的数千名学生，在天安门举行集会、演讲，要求"外争国权，内惩国贼"。此后全国各界热烈响应，工人罢工，商人罢市，开展了声势浩大的斗争，参与活动的还有不少的童子军。

这些群情激昂的救国场面在钱三强幼小的心灵中留下了深刻的印象，也播下了为救国而抗争的种子。

钱三强和大哥钱秉雄同在孔德学校就读，钱三强在小学部，钱秉雄在中学部，哥俩儿每天上学放学同往同返，亲密无间。

孔德学校在北京的名气很大，由蔡元培亲任校长，钱玄同、沈尹默、周作人等一批名教授兼任校务委员。钱三强十分珍惜这样的学习条件，他如饥似渴地吸收各种知识，读书成绩非常优异。

　　由于读书读得太认真，在学业上花的时间很多，周围的很多人都称他为"书呆子"。钱三强有些在意，可是父亲却对他说："人们说你呆，依我看，呆没有什么不好。古人云：'人而不呆，不可为友；人而不痴，亦不可与之为友；人而呆痴，以其有深爱也；人而不呆不痴，则其无深爱也。情之甚浓者，为痴。一片痴情，往往感天动地。'"

　　这一番语重心长的话，让钱三强受益匪浅。父亲又继续教育他说："我希望我的孩子们个个都是'书呆子'，我认为，'书呆子'这三个字，在我们家中，应该是一份荣誉。"

　　钱三强实际上是一个兴趣广泛、性格刚毅的学生。他对体育、音乐、美术等学科都有浓厚的兴趣。进入初中之后，他还是班上"山猫"篮球队的杰出队员。

　　就这样，在别人眼中像个"书呆子"的钱三强坚持不懈地努力，为自己功勋卓著的人生一点点地铺开了坚实的道路。

　　在很多人看来，另一位科学伟人钱学森或许是个"冒傻气"的人。他晚年时，霍英东设的"科学成就终身奖"给他100万港元，通知他去广东领奖。钱老身体不好，就由他的夫人蒋英教授代领。蒋英出发前对钱老说："我代表你去领奖金了。"钱老就笑着说："你去领支票？那好，你要钱，我要奖。"他把夫妻二人的姓氏巧妙地用在这句话里，把周围的人全逗乐了。支票还没拿到手，他就已委托他人将钱捐给祖国西部的沙漠治理事业，白白到手的钱不要，钱学森真是"傻"得可以！

　　大学者钱钟书也常让人觉得有"痴气"和"傻气"，他的"痴气"和"傻气"差不多可以说是与生俱来。上中学时，他穿衣服混混沌沌：穿皮鞋左右不分，穿内衣或套脖的毛衣总是前后颠倒，衣服套在脖子上只顾前后掉转，结果放下来还是前后颠倒了。虽然在衣着上不修边幅，可是他的学习成绩却大大地优于常人。

成年后，上海沦陷时，他坚持在写《围城》。经常和小孩子们一起玩闹，他变着法儿打着手势，引逗小侄子、小侄女们说话，和他们闹成一团。一个登上学术圣殿的人竟是如此的痴憨童真，或许就是人们常说的"大智若愚"吧！

明代大作家吕坤在《呻吟语》中有这样的文字："愚者人笑之，聪明者人疑之。聪明而愚，其大智也。夫《诗》云'靡哲不愚'，则知不愚非哲也。"意思是说：愚蠢的人，别人会讥笑他；聪明的人，别人会怀疑他。只有既聪明而看起来又愚笨的人，才是真正的大智者。大智若愚，大巧若拙，这都是人生的大智慧。

美国电影《阿甘正传》感动了无数人。阿甘在别人看起来是个"呆瓜"，表情木讷，行为傻里傻气，可是他无时无刻不在坚持生活的信念，追求生活的意义。虽然旁人认为他傻，可是他却比一般的人对生活事态有更深的感悟，也取得了更大的成就。

拥有大智慧的人通常都有大目标、大信念，在做一件事的过程中，他们可以摒弃许多凡人所具有的疑思顾虑、患得患失，会完全投入其中，达到浑然忘我的境界。普通人认为他们傻，不过是将自身的思维方式作为衡量的尺度，实际上这些自以为聪明的人总是局限在事物的表层，却忽略了事物的本质。

《圣经》上说："没有哲人不犯傻的。"大智若愚的人在别人看起来一次又一次地犯傻，可是最终收获成功的却正是他们。

在我们的日常生活中，有太多的利益纠纷和复杂的人际关系，如何看待利益，如何对待吃亏，也是平常人经常碰到的课题。有的人锱铢必较，一毛不拔，盈亏心很重，过分注重当前利益和现实利益；有的人工于算计，总期望通过吃小亏占大便宜；更有的人紧紧盯住一些个人利益，挖空心思找便宜、争利益，但最终也未必能够如愿以偿。这些都不是聪明的态度，真正聪明的人应该做到：大事上不糊涂，小事上不计较。

为人父母，更应该明白这个道理。纵观古今中外，大凡胸怀大志、目光高远的仁人志士，无不是"抓大事，放小事"，鼠肚鸡肠、竞小争微、片言只语也耿耿于怀的人，没有一个成就大事业的。

一些父母让孩子"不吃亏",看似帮了孩子,实际上无异于让孩子吃了大亏。想想看,孩子今天为一块儿橡皮和同学吵架,明天为一支铅笔和朋友闹崩,这样下去,哪里还有精力去做真正应该做的事呢?教育孩子与人为善、助人为乐,孩子虽然可能吃一点眼前的小亏,但从长远看,却对孩子种下了日后的"成功基因"。这其中的道理,值得每一位想把孩子塑造得"决不吃亏"的爸爸妈妈深思。

第43讲

大有若无——功被天下，守之以让

《钱氏家训》有言："功被天下，守之以让。"这句话的意思是说：即使取得了盖世的功劳，也应当有礼让的气度，不要为名利所困扰，只有这样，才能达到大有若无的境界。孩子们一定要明白一个道理：外界所赋予你的名和利只是别人对你的评价，而不是用来欺世盗名的工具，更不应该作为自己一生追求的目标。

古代圣人、君子、文人都爱以淡泊名利为自己下一个很美很高尚的定义。三国时候的名相诸葛亮在《诫子书》中告诫自己的子孙道："非淡泊无以明志，非宁静无以致远。"展现的就是同样的一种气度和风采。"淡泊以明志，宁静以致远"，多少年来成为许许多多人修身养性的名言警句和座右铭。

名利是什么？名利就是金钱和权力。可是，拥有名利的人并不一定真的快乐。淡泊于名利，是做人的崇高境界，没有包容宇宙的胸襟，没有洞穿世俗的眼力，是万难做到的。

人生非常短暂，与浩瀚的历史长河相比，人这一生中所经历的一切恩恩怨怨、功名利禄都可以说是短暂的一瞬。"福兮祸之所伏，祸兮福之所倚"，大可不必太在意人生历程的潮涨潮落。

一些人取得了骄人的成就，就无论如何也不肯松手。有名了，还想要更多的名；得利了，又想要更多的利。反反复复，永无止境。曾有人回顾自己的生活，说"十年个体成富翁，十年厂长成股东，十年技术当高工，十年从政两手空"，这比的就是名与利。

现在，我国在各行各业取得突飞猛进的发展，社会经济文化取得日新月异的进步，面对时代的前进，我们面临的机遇挑战和诱惑陷阱也越来越多，在新时期，"淡泊名利，宁静致远"，这句千古名言应值得我们深思。

可是，很多家长认识不到淡泊名利心的重要性，从小就把孩子往名利场上送，结果孩子在花花绿绿的世界里莫辨东西，找不到自己的快乐和方向。

这些父母关注各种能为孩子带来名利的东西，从各种婴儿用品的形象代言人到儿童模特评选、育儿杂志封面写真再到儿童电视选秀，形式多样，不一而足。对孩子们而言，这些"选秀"不过是一场游戏，而对于父母来说，却折射出成人世界复杂的心态。

现代人生活在节奏越来越快的年代，有着太多的压力，太多的诱惑，太多的欲望，也有太多的痛苦。一个人要以清醒的心智和从容的步履走过岁月，他的精神中不能缺少淡泊。孩子要明白这一点，父母更要明白这一点。

钱学森先生对中国的贡献几乎是别的科学家所无法比拟的。中华人民共和国成立60多年来，中国科学事业欣欣向荣、翻天覆地，而钱学森的贡献不可磨灭。

钱学森是中国导弹工程和航天工程的领路人，是系统工程控制论的创始人，可以说是中国工程物理学的奠基人。"东方红"人造地球卫星和"神舟号"宇宙飞船的发射成功，标志着中国工程物理学已经走在世界科学的前列。

钱学森在中国理论物理学方面的科学贡献非常巨大，他提出了宇宙的三大层次——微观世界、宏观世界和宇观世界。在钱学森科学思想指导下，《易脑》提出了《宇宙统一论》，发现了宇宙结构关系式，给出了宇宙五大基本作用力的计算公式。《易脑》的宇宙时空远远突破了西方科学理论的条条框框，标志着中国理论物理学已经走在世界科学的前列。

钱学森在思维科学方面也做出了重大创新。在他的思想引导下，《易脑》提出中国人有三大法宝——人脑、电脑和易脑，标志着中国思维科学已经走在世界科学的前列。

钱学森是中国工程物理学、理论物理学和思维科学的领路人，钱学森的科学贡献就像牛顿和爱因斯坦一样，功在当代，利在千秋。

钱学森先生上了年纪之后，身体不大好，但是还依旧保持着关心国事的习惯。读《人民日报》《光明日报》《解放日报》等传统报纸，是钱学森每天的必修课。2003 年，秘书涂元季去"301"医院探望钱学森。躺在病床上的钱学森按照他平日的生活习惯，准时于下午 3 点从床上坐起，打开当天的报纸认真翻阅。

国防科工委第七机械工业部前副部长李明实是钱学森的继任，他说钱学森"有几个雷打不动的习惯，一个是读报纸，一个是听广播"。

虽然是这样一位功勋卓著的伟人，但钱学森却过着十分简朴的生活，晚年之后更是功成身退、深居简出。

曾在航空航天部办公厅工作的王毅丹先生，是离钱学森家最近的邻居。钱家所在的三层红楼共有两个单元，四单元只住钱学森一家人，三单元住着六户人家，王毅丹家是其中之一。

他向《中国新闻周刊》的记者感叹说："钱老刚回国时，住在中关村。50 年代末搬到这里来之后，就再也没有搬过家。"钱学森过了 80 岁后，很少出门参加各种活动。

不过，钱家却从来不缺"贵客"登门。胡锦涛主席、温家宝总理先后多次看望钱学森。而此前，江泽民也曾于 1995年、1996 年、1999 年和 2000 年先后四次到钱学森家中看望。除此之外，钱学森很少出现在人们的视线里。

亓英德是钱学森的老同事，他住在航天大院五单元，与钱学森做了 50 年的邻居。工作时，领导关心钱学森，曾多次动员他搬家，表示会按全国政协副主席的级别给他盖一栋小楼，可他不要。

20 世纪 90 年代，钱学森的秘书涂元季也动员钱老搬家，他告诉钱学森，说和他一起回国的人大部分都当上了院士，搬进了新居，让钱学森也住进小楼。可是钱学森却回答："我在这里住惯了，你让我住进小楼，我浑身不自在。"

老邻居们眼中的钱学森，经常穿着蓝色或灰色上装、绿色军裤在小区里遛弯儿。

钱学森一生做人有四条原则：不题词；不为人写序；不出席应景活动；不接受媒体采访。1950年，还没有回国的钱学森曾跟一个加州理工大学的学生说："人在临终前最好不要写书，免得活着时就开始后悔。"

钱学森历任国防部第五研究院院长、副院长、国防科委副主任、中国科协主席、全国政协副主席，成了国家领导人。对这些官位，他的态度是："我是一名科技人员，不是什么大官。那些官的待遇，我一样也不想要。"他成为国防部第五研究院首任院长后，主动向周恩来和聂荣臻写辞职报告，只愿任副职，以便全力以赴地研究重大科技问题。70岁以后，他又不断地写辞职报告，要求辞去国防科委副主任、中国科协主席、全国政协副主席等职，甚至要求免去自己中科院学部委员、院士称号。

钱学森先生功盖千秋，却丝毫不为名利所累，他不追名，不逐利，过着宁静淡泊的生活，这正是"大有若无"的境界。胡锦涛总书记有一次在海南考察工作时强调，领导干部要干干净净为国家和人民工作，必须"以淡泊之心对待名利"。

实际上，"以淡泊之心对待名利"并不应当只作为领导干部的律己信条，也应该成为我们每一个普通人的信念。

其实名利不坏，每个人都追求建功立业，希望自己的名字被更多的人知道，希望自己有更多的钱、过上更好的生活。实际上，人们对建功立业、扬名立万的追求，很多时候是社会不断向前发展的动力。所以，名利本身并没有错，错的是追名逐利、为了名利不择手段、抓住名利死不放手的人，就像金钱无罪，有罪的是那些谋财害命之徒一样的道理。

居里夫人蜚声世界，曾获得两次诺贝尔奖，此外还有很多别的荣誉。有一次，她的一位朋友去她家做客，看见居里夫人的小女儿正在玩英国皇家学会刚刚奖给她的一枚金质奖章。居里夫人说："我是想让孩子从小就知道，荣誉就像玩具，只能玩玩而已，绝不能守着，否则将一事无成。"这样的心态无疑是正确的选择。

可是现在，很多父母却做不到这一点。他们被当今社会的一些浮躁现象所扰动，染上了追逐名利的嗜好，甚至把孩子也推上了"名利"的第一线。在商业社会、娱乐大众的背景下，儿童被卷入"名利场"，成了一道太青涩的风景。

儿童正处于长知识、长身体两者同步进行的关键阶段，教会他们正确的名利观是孩子成长的必备。如果父母盲目地把孩子推向前台，让孩子从小就生活在争夺名利、爱慕虚荣的环境里，习惯"众星捧月"的感觉，那这样反而不利于孩子的成长。

如果孩子没有兴趣，父母又勉强孩子，就会使他们产生逆反心理，这些对他们今后的成长都是很不利的。如果父母不懂得这个道理，就只能收到拔苗助长的恶果。

请合格的父母帮助孩子树立正确的名利观：追求名利，但不能为名利所累；爱惜名利，但不能为了名利而生存。

第44讲

大勇若怯——勇力振世，守之以怯

《钱氏家训》有言："勇力振世，守之以怯。"这句话的意思是说，那些有勇气去救世的人，有时候从表面上看起来反而是胆怯的，并没有锋芒毕露的表现。孩子们也应该懂得这一点，真正的勇敢者并不一定在任何时候、任何地方都要表现得咄咄逼人、勇气外露，有时候，沉着冷静同样也是大勇的表现。

勇敢是面对危险和困难表现出来的一种无所畏惧的行为品质，即在危险和困难面前表现的胆气。它是人类精神的力量，是多少金钱也买不到的一种气质。勇敢往往与其他的一些优秀品质联系在一起，它是一种基于自尊的意识而发展成的能力，勇气是在磨炼中生长的，勇敢对于保持美德是十分必要的一种气质。

相信每个人从小到大，听到最多的美德就是勇敢。每个人都讨厌别人说自己是胆小鬼，也讨厌自己身边的人是胆小鬼。人们在勇敢的号召下长大，又在不断地追求着勇敢。可是到底什么是勇敢呢？很多人却始终闹不清楚。

古往今来，多少志士仁人都在不断地思索、不断地实践、不断地总结，可是直到如今也没有谁能给勇敢下一个明确的定义。柯尔克孜族有这样的一句谚语："勇敢不在臂上，而在智慧上。"西班牙也有这样一句俗语："拼命不能算勇敢。"勇敢是这样让人迷惑，因为它经常和胆怯、鲁莽混合在一起，让我们没办法分辨。

很多父母常会分不清勇敢与鲁莽，犯了选择性的错误。其实，勇敢位于懦弱和鲁莽之间，但勇敢不等于鲁莽。勇敢、鲁莽，乍看相似，却本质不同。为了完成有益的事,不怕困难和危险,是勇敢;为表现自己,不顾后果地去做无益的事,是鲁莽。

父母更要明白:勇敢并不等同于暴力,胆怯有时候并不一定是坏事。那些天不怕地不怕的孩子看起来无所畏惧,实际上很多时候反而正迫切需要父母的引导,才不至于走上邪路。

生活中人们常常遇到一些意想不到的情况,也就是在危急的时刻,勇敢还是怯懦,将决定一个人或一个团体的命运走向。能够凭借自己的能力和智慧奋力向前,做到"狭路相逢勇者胜"当然是再好不过的事。可是,当客观条件不允许,或者自己的能力暂时达不到时,那么,选择暂时后退,然后再迂回前进,也未尝不是一种勇敢的表现。事实上,大勇若怯,有时候反而是一种更高的精神境界和良好的心理状态。

父母要学会区分勇敢与胆怯。勇敢的行为有时候从表面上看甚至有点怯懦。勇敢与怯懦是两种截然不同的精神境界,或者说是两种相反的心理状态。平时父母要注意培养真正的勇敢和勇气,同时也要注意,避免男孩子用攻击性行为来证明自己的勇敢。

钱穆是我国现代著名的历史学家。他是一介书生,也是一名学者,但他并不是仅仅埋首书斋、不问世事的学者,而是一位具有强烈的经世意识的学者。

钱穆做学问的早期,由于民族危亡尚且不十分严重,所以对国事的关心并不多。但是随着日本帝国主义的侵略步伐不断加快,钱穆的心中开始激发出强烈的爱国热情。

虽然钱穆有以天下为己任的救世精神,但是他的救世方法在很多人看来或许是太过平和了。

抗战开始后,他随学校流转西南。在做学术研究的同时,他有感于日寇侵逼,河山沦丧,经常议论国事,评判时局。不过更多的则是通过学术研究和演讲,弘扬民族文化,激扬民族精神。

钱穆在抗战时期所写的名著《国史大纲》被他的学生余英时誉为为中国文化招魂、为中华民族招魂的大著作。这部书出现在抗战这个特殊的时期,对激扬民族的抗战精神不能说没有重要的意义。

这本书在重庆国难版的扉页上赫然印着"为前线抗战、为国牺牲之百万将士而作"的字样，可见钱穆写这本书的良苦用心。他差不多是将《国史大纲》当做抗战救国的教科书来撰写的，所以书中的民族意识特别强烈。

在民族危机空前严重的抗战时期，钱穆力图做到的就是团结民众，抵抗强寇。但他的选择不是投笔从戎，也不是将自己的研究领域从文科转向理工科，进行科技救国，他采用的是一种看似平和而实际上却意义深远的做法。

他重视文化的力量，认为要凝聚民众全民抗战，就必须使他们对自己国家民族自本自根的文化有一个较深的认识和重视。所以钱穆向人们大声疾呼做一个中国人，一个爱自己民族历史文化的中国人，"中国人自己不知道中国事，如何能爱中国？不爱中国的人，如何算得是一个真正的中国人？"

应该说，钱穆的做法在民族精神这个更深的层次上为中国人的抗战救国注入了强心剂。

与此同时，钱穆还根据时事的需要，倡导军事地理教育。抗战期间，钱穆从日本侵华战例中发现日军作战很多是按清朝学者顾祖禹的《读史方舆纪要》行事。如在天津，日军不沿京津铁路进军，而改道破涿州，切断平汉铁路，使北平在包围中。淞沪会战之后，日军的军事行动也大抵如此。

钱穆发现了这一点，于是就向校方提出开军事地理一课，为后方学生讲授大要。后来，由于钱穆赴成都齐鲁国学"305"研究所讲学，这件事也就只好搁浅。

1944年，日军为了打通大陆交通线，展开了豫湘桂战役。大批知识青年在国民政府的号召下从军，奔赴前线。钱穆为了勉励青年挽救国家危亡，特撰写了《知识青年从军的历史先例》一文，刊登在当年11月的《大公报》上。在这篇文章中，钱穆振奋地说："国事艰难，大家应该踊跃以赴。古人云'英雄造时势，时势造英雄'，又云'识时务者为俊杰'。今日知识青年从军，正是俊杰识时务者之所为，这个时势是极需要英雄的了，只看英雄如何不辜负此时势!"

这篇文章对当时青年从军影响很大，从中也体现了钱穆爱国家、爱民族的坚定信心。

钱穆作为一介书生，读书不忘爱国，爱国不忘读书，他在民族危亡的关键时刻，著述讲演，弘扬民族文化，昂扬民族精神，以自己独特的方式展现了一代学人大智大勇的风范。他的学生严耕望说他的演讲："以民族意识为中心论旨，激励民族感情，振奋军民士气，故群情向往，声誉益隆，遍及军政、社会各阶层，非复仅为黉宇讲坛一学人，为书生报国立一典范。"可以说是一个相当准确的评价。

钱穆的勇并不是沙场上的冲锋陷阵，表面上看来甚至显得平和、温文尔雅，可是其所焕发的精神力量却是无比强大的。他的救国方式完美地阐释了《钱氏家训》中"勇力振世，守之以怯"的教条。

战国时候，齐宣王与孟子聊天时说："我最大的毛病，就是喜欢'勇'了!"孟子却说："勇，有小勇、大勇之别，只希望大王不要好小勇，而是要养大勇。"他向齐王解释说，小勇就像一个人手握利剑，瞪大眼睛，高声大吼"谁敢抵挡我"，但这不过是匹夫之勇，只能对付一人；而当国家面临强敌的入侵和霸权的侵犯时，像周文王、周武王这样敢于一怒而率众奋起抵抗，敢于克服一切困难救民于水火之中，正是所谓的"文王一怒而安天下之民"，这才是大勇。

孟子对"勇"的解释可谓到位。韩信年轻的时候，遇到市井无赖的讥笑，他甘受"胯下之辱"，有多少人讥笑佩剑的韩信"不是条汉子"。可是，正是他在楚汉争霸的战争中成为统率百万大军的上将军，功勋卓著，为刘邦打败项羽立下赫赫战功。勇力振世，大勇若怯，韩信的典故对这一点表现得淋漓尽致。

现在的不少独生子女，性格经常呈弱化走势。他们只要离开父母，便普遍胆小：在学校害怕，在野外害怕，有烦恼害怕……这种以"怕"为主调的性格，势所必然地要给孩子的一生投下阴影。

因此，父母要让孩子告别害怕，选择勇敢，才能成长为一个有作为、有出息的人。父母必须明白，对孩子的胆量，要从小培养，对孩子的勇敢精神，应从小训练。

多带孩子走出去，让孩子开阔视野；多给孩子机会，让孩子广交朋友；孩子有能力做的事，不要代劳，让孩子自己完成；多给孩子树立勇敢的榜样，给他们介绍勇敢的偶像。这些都是不错的方法。

孩子们也要不断增加自己的勇气，在困难面前不胆怯，在挫折面前不放弃，让自己成为一个有勇气的人。

第 45 讲

富而好礼——富有四海，守之以谦

《钱氏家训》有言："富有四海，守之以谦。"这句话的意思是说，即使是富甲天下，也要表现出谦逊的态度。这句话告诉我们面对财富时应该具有的正确态度。孩子们也应该明白，正确的财富观是健康成长的保证，拥有了财富之后不能秉持谦逊的态度，往往会招致祸患。

古人云"历览前贤国与家，成由勤俭败由奢"，可见，"富而学奢、富而骄淫"不但于己不利，对国家也没有好处。

在中国，仇视、鄙夷富人的文化传统悠久、深刻，"为富不仁"和"均贫富"的观念根深蒂固。在任何时代，任何地区，都会出现贫富不均的现象，任何社会都会有财富悬殊的巨大鸿沟，这是无可非议的。毕竟，有差距才会让后进者不断努力，不断追赶先进，这是社会前进的动力。

当前，我国鼓励那部分人先富起来，让先富带动后富，然后，如果先富之人富而忘责，富而学奢、富而骄淫，就辜负了当初的冀望。而且，盲目地将挥霍财富和物质消费当做人生的主要意义，也会使人丧失进取的锐气，进而丢失拼搏和前进的意志。"华而不傲，富而不骄"应当成为先富起来的一部分人的正确选择。

然而，在现实社会里，能够做到这一点的实在是太少，尤其是在当今的中国，炫富之风日盛。我国对奢侈品的消费以每年两位数的百分比增长，有人估计："2015 年，中国消费者奢侈品消费总量将占全球的29%。"日常消费中这种现象也屡见不鲜。比如买车，多数人都一定要尽量的气派，两厢的丢人，一定要三厢；小排量不行，一定要大排量才够气派……

而相比较而言，堪称世界首富的瑞士人却低调很多。瑞士年人均收入高达 3 万多美元，可瑞士公路上行驶的大多不是奔驰或林肯等高级轿车；他们戴的手表，大多是普通手表或塑料电子表；瑞士的餐厅，决不允许顾客浪费，要求吃多少买多少，对于浪费者，要处以罚款。两相比较，一些先富的国人表现出来的土财主和暴发户的心态急需纠正，而《钱氏家训》所谓"富有四海，守之以谦"的教条不失为一个好的选择。

时下，一些富裕的父母喜欢孩子穿戴豪华，给孩子配高档手机，甚至豪车接送，以为这样能够让孩子在其他小朋友那里直得起腰、仰得起脸，老师见了也会另眼相看。可实际上，孩子正处在学习的关键时期，过分的物质享受不但不会给孩子带来好处，反而可能影响到孩子的健康成长。

父母更需要注意的事，让孩子过分"炫富"，不但会扭曲孩子的价值观，有时候甚至可能给孩子带来灾祸，让孩子成为不法分子下手的"目标"。须知，当着公众的面肆无忌惮地"烧钱"只会"引火烧身"。

唐朝末年，中原地区藩镇割据，战乱频繁，出现了"五代十国"的纷争局面，百姓遭受着战乱的痛苦和兵燹惨烈，社会生产遭到严重的破坏。

吴越国建都杭州，并开始对城市的擘划经营。吴越王钱镠在五代十国中是一个很有才能的君主，他从 910 年开始修建沿江沿海的堤塘，以保障城市的安全，城垣建筑和城市建设也进行了相应的规划和修建。

钱镠定都杭州后，依山傍水的自然景观，激发他想重建王宫。于是，他就请了很多人来议论。有一位术士对钱镠讲：如果你在原址建造宫殿，你的钱氏江山只能立足百年，而如果你填了西湖，在填湖之后的新址上修建宫殿，那么钱氏江山的命数就会增大 10 倍。

按照术士的推测，这样做，钱氏江山可以绵延千年，这实在是个很大的诱惑。幕僚们也都乘机进言，规劝钱镠听信术士之言。可钱镠却哈哈大笑说："西湖是杭州百姓的西湖，他们世世代代都依赖着西湖的水灌溉和生活，填了西湖，让我岂不是去做一个无水之国的国王？没有了水，也就没有了百姓，那吴越国不也就自然而灭吗，还有什么国王可言？再说了，我还从来没有听说过世上有哪个朝代能够千年不倒。我钱氏家族能有百年的鼎盛就足够了！"钱镠干脆彻底打消了重建王宫的念头。

在建设杭州城的过程中，西湖越来越显示出其重要的作用，几乎成了杭州城市不可分割的部分，钱镠对西湖的治理也不遗余力。

唐德宗建中二年（781年）的时候，任杭州刺史的李泌为了解决杭州人的饮水问题修建了西湖六井，但到了"五代十国"时期，经过100多年的西湖又被葑草蔓合，湖面缩小，蓄水减少，影响了灌溉和城市用水。

有鉴于此，钱镠于宝正二年（927年）开始着手对西湖进行疏浚，他建立了1 000人的专职浚湖队，称为"撩湖兵"，不分昼夜地从事疏浚工作，另外，他又在城内新掘水池三处，称"涌金池"，以弥补不敷所需的六井供水。在他的治理下，西湖得到了很好的修复。

同时，钱镠还奉行"保境安民"的国策，言路广开，礼贤下士，这就导致大批的人才涌入江浙。江浙素有"上有天堂，下有苏杭"的美誉，毫不夸张地说，为此打下实实在在基础的人正是钱镠。

正是由于钱镠的那种明智与豁达的选择，西湖才得以存在。否则，我们今天所看到的西湖，早就没有了。历代历朝不知有多少文人墨客所吟出的诗、作出的词、泼洒的墨，也将会不复存在！

钱镠是一国国君，当面对传国千年的巨大诱惑时，仍是低调做人，并没有填平西湖，而是把西湖留给百姓。他这种"富有四海，受之以谦"的低调态度，实在让人敬服。

晋商曾写就一段传奇，晋商的先人们艰苦奋斗的创业精神空前绝后，而一些晋商后裔骄奢淫逸而败家更是令人扼腕痛惜。当初，著名晋商乔贵发与秦姓某人在包头经商发迹。秦某在原籍筑房置地，过起财主生活，结果坐吃山空，加之秦氏子弟吃喝嫖赌，样样都全，挥霍浪费，入不敷出，逐渐从包头商号内抽股出去，又全部花光，秦家抽出的股全由乔家补进，最后乔秦二家的复盛公十四个财股中只有秦家一厘二毫五。

如何对待到手的财富，在拥有财富的时候应该秉持一种什么样的心态，吴越王钱镠和秦姓晋商给我们树立了正反两方面的典型。

在当今中国，拥有财富而高调并不是一件好事。当官的戴上一只名表，就有丢官的机会；驾驶一辆拉风好车满街转的，就会面对被人划花车皮的可能。可是，这一点也不可能减去中国人对"奢华"的迷恋，这两个字成了所有时尚杂志与高级消费品广告中最常见的字眼。在这样的环境之中，如何加强对孩子财富观的教育，显得更加重要。

因写作《哈利·波特》系列而闻名世界的作家罗琳身价数亿英镑，然而，她自己的生活却很低调，除了接受很少的采访及签售外，罗琳不太喜欢将自己的生活暴露在聚光灯下。她同时告诫17岁的杰西卡、7岁的戴维和5岁的麦肯齐，也要低调地生活，千万不要因为有一个富翁妈妈，就去"炫富"。

亿万富豪罗琳对子女的教育可以为不少父母树立一个不错的标杆。

近年来，孩子炫富、比富、摆阔以至斗富的现象时有发生，而且屡见不鲜，例子举不胜举。其实，父母合法赚取财富，儿女合理使用本无可厚非。然而，如果在同学、朋友中或者网络上攀比、炫耀，甚至看不起穷人，既是对别人不尊重，也有损孩子自身形象。

一些父母拥有财富之后，互相"斗富"，搞挥霍攀比，这已经成为一种感染力和腐蚀力极强的"社会流行病"，而现在这种流行病正在孩子身上不同程度地屡屡发生，说明孩子们的纯洁心灵正在受到污染，发展趋势令人担忧。

"家庭宠娇"、父母的"炫富教育"不利于孩子的健康成长，这样成长起来的孩子很难有社会责任感，更不会有依靠自身努力获取财富的动力。对于父母来说，和学校、社会一起，建立"三位一体""协调联动"的教育机制迫在眉睫，它关系着孩子的前途和命运，切莫熟视无睹和掉以轻心。

孩子们也应该适当节制自己对物质财富的占有欲，把更多的精力和时间放在学习上去，多帮助别人，多比学习，不要让自己成为财富的"小奴隶"。

第46讲

正气——庙堂之上，以养正气为先

《钱氏家训》有言："庙堂之上，以养正气为先。"意思是说，在朝廷里面做官的话，首先要培养自己的凛然正气，要有正义感。实际上，正气不仅仅是"庙堂之上"的人所需要的，同样，普通的人也需要"养正气"。孩子们要懂得：人生在世，贵在立身。立身处世，必须要讲一个"正"字。这个"正"有三点：人正、义正、气正。人正则义正，义正则气正，人正义正气自正。

什么是正气？简单地说，正气就是充塞天地之间的至大至刚之气，体现在人的身上，就是浩然的气概、刚正的气节；体现在社会风气上，就是光明正大的作风或纯正良好的风气。正气对人来说是一种高昂的精神状态，是一种高尚的人生境界。

讲正气，是中华民族也是我们党的一个优良传统。孟子说："吾善养吾浩然之气。"古语也有云："一点浩然气，千里快哉风。"

公平正义是衡量社会文明进步的重要尺度，是社会主义的核心价值取向。任何一个社会和群体，如果缺少了公平正义，那么这个社会的发展和延续也就失去了动力，一定会出大乱子。而作为这个群体中的一员，拥有维护公平正义的浩然正气，自然就显得无比重要了。

一个人必须树立正气，必须有正义感。有了一腔浩然正气，才能无所畏惧地前进，才能不屈不挠地为国家、为社会建功立业。

孩子们当然也需要有正气，作为父母，应当从小培养孩子的正义感。成年人经常抱怨社会越走越回头，正义之声越来越少，然而当自己的孩子挺身而出制止别人的不好行为时，父母们又往往教导孩子"不要多管闲事"。父母们在感慨世风日下的同时，是否也该扪心自问，社会风气之所以变坏、正气之所以越来越少，自己是不是也无形中充当了"帮凶"呢？这些现状的形成，不正是那些只顾着"自己好"、在有意无意间去遏止孩子天生正直纯善心思的大人们所造成的吗？

孩子是我们的未来，是未来社会的基石和保证。作为父母，不要打压孩子爱管闲事的心，而应该多加强教育，多教给他们一些如何才能把闲事"管好"的能力。这才是正确的选择。

钱穆是中国现代的著名历史学家、国学大师。中国学术界尊其为"一代宗师"，更有学者称其为"中国最后一位士大夫""国学宗师"。他一生写了 1 700 多万字的史学和文化学著作，在国内外学术界有着很大的影响。

1904 年，即钱穆 10 岁那年，他与其兄一道考入无锡荡口镇果育学校，开始了小学 4 年的读书生涯。

果育学校是清末乡间筹办的新式小学。当时教体操的老师是 21 岁的钱伯圭。钱伯圭与钱穆同族，曾就读于上海南洋公学，思想激进，是当时的革命党人。钱穆进入果育学校的时候，钱伯圭在那里任教不久。

一天，他问钱穆："听说你能读《三国演义》？"钱穆一向喜欢看这一类的书，所以就兴奋地点点头。可是钱伯圭却教导他说："此等书以后不要再读。"他告诉钱穆，《三国演义》一书开首所说的天下合久必分、分久必合、一治一乱之类的话，是错误的路，并以当时世界上的欧美强国做对比，说应当向这些国家学习。

这些话给年仅 10 岁的钱穆带来了极大的震动。同时，钱伯圭还为钱穆做政治上的启蒙，教导他革命的道理，让他明白对错。

钱伯圭的话给年幼的钱穆的心中播下了正义的种子。从此之后，"读书不忘爱国"几乎成了钱穆的信条。这种正义感在此后钱穆的读书生涯中不断变化为实际行动，展现出他正义凛然的气质。

后来，在常州府中学堂念四年级的时候，钱穆读谭嗣同的《仁学》，深为其民族意识所激发，于是就私自剪掉了辫子。在钟英中学读书期间，正值日俄战争时期。日本和沙俄为了争夺利益，竟然在中国的土地上开战，给人民造成了深重的灾难。凡交战之处，纵横千里，"几同赤地"，这激起了钱穆的无比愤慨。

1910年，日、俄两国签订协约，在东三省重划势力范围。这种侵略行径激起了中国人民反抗的怒火，当时的南京城，每日清晨或者傍晚的时候，军号声就会响起，腰佩刺刀的陆军中学生迈步街头，以示威严。

钱穆很想投笔从戎，报效国家，于是每逢星期天上午，他都和学校的几位热血青年，在钟英附近马厩租上几匹马，出城直赴南京的雨花台古战场，俯仰凭吊，半天才回来。这种活动成了他每星期最主要的一门功课。

1911年10月10日夜，湖北武昌爆发了反清的武装起义，各省纷纷宣告独立。辛亥革命使自幼具有强烈正义感和民族意识的钱穆精神大振。他与同学约定，等革命军进城时双双投军。后由于同学家中生出变故，二人投军的计划才告吹。

钱穆毕业之后，长年在中小学教书，后来得到北京大学的聘请到大学教书，虽然个人际遇浮浮沉沉，可是他的一身正气却丝毫没有减少。

抗战时期，北京大学内迁，和清华大学等组成西南联大。在西南联大教书期间，中国的抗战正处在一个极端困难的时期。面对日本军国主义的铁蹄，中国的大好山河沦丧，一些人对抗战失去信心。这时候，钱穆通过讲授中国通史，向大家阐释中国绝对不会灭亡的道理，这充分表达了他那颗炽热的爱国家、爱民族的正义心肠。

在当时国难方殷、山河沦丧的紧急时刻，钱穆的通史课不仅大大增加了人们国史的知识和兴趣，而且也强化了人们的爱国主义思想和民族自信心，给人们以极大的鼓舞。

钱穆先生的正气是大正气，他表现在爱国救国的行动上。这种在民族危急存亡时刻展示出来的浩然正气，感人至深。

南宋时候的文天祥本是读书人出身，身体柔弱，他在宋朝危亡之际，出使元朝，历经磨难，在艰苦的环境中生活了两年多都没有死，他自己说这是他"以一气抵七气"，所谓的"一气"便是他自己养就的浩然之气。他在元大都的监狱中写下了传诵千古的《正气歌》，激励着一代又一代的仁人志士。

天地有正气，杂然赋流形。下则为河岳，上则为日星。于人曰浩然，沛乎塞苍冥。

皇路当清夷，含和吐明庭。时穷节乃见，一一垂丹青。在齐太史简，在晋董狐笔。

在秦张良椎，在汉苏武节。为严将军头，为嵇侍中血。为张睢阳齿，为颜常山舌。

或为辽东帽，清操厉冰雪。或为出师表，鬼神泣壮烈。或为渡江楫，慷慨吞胡羯。

或为击贼笏，逆竖头破裂。是气所磅礴，凛烈万古存。当其贯日月，生死安足论。

……

浩然的正气对人、对社会、对国家都很重要。一个人具有正气，就会具有正义感和责任感；社会具有正气，就会推动经济建设稳步发展，人民安居乐业，社会矛盾逐渐融化。在当今的社会里，正气更有其重要意义。

江泽民同志强调的"三讲"之一就有"讲正气"。他首先要求各级领导干部必须坚持树立和发扬最大的正气，坚决同歪风邪气作斗争。只要大家大大发扬这种正气，以权谋私、拜金主义、享乐主义、极端个人主义的邪气就滋长不起来。可见，《钱氏家训》中的所谓"庙堂之上，以养正气为先"在今天依旧具有无比重要的现实意义。

看到小动物受伤不会上前包扎，看到同学被欺负只会绕道走开，不少大人感慨，现在的孩子越来越没爱心，缺乏正义感。殊不知孩子缺乏正气，大人们也往往难辞其咎。正是一些做父母的在无意中挫伤了孩子的正义感，才导致了这一状况。

早期教育对人的影响是终生的，父母要在孩子的心田里播下一颗正义的种子，让孩子成为一个拥有浩然正气的人。在这个过程中，必须小心谨慎，不但要保护孩子的正义感，还要保护孩子的人身安全。当孩子具备了正气和"扬正气"的能力，那么，正义就将为他们的成长安全护航。

第47讲

元气——海宇之内，以养元气为本

《钱氏家训》有言："海宇之内，以养元气为本。"意思是说，人生在世，要重视元气的培育。什么是元气？这是个抽象的概念。但对于一个人来说，养元气差不多就等于养生。孩子们要明白：重视养生，拥有一个好的身体对于人生来说无比重要。

中医是我国的传统医学，中医讲求的养生之道，其核心是元气养生，就在于培育和保护人的元气，即培元固本。

元气是生命之本，也是生命之源，元气充足了，人就能健康；元气受损了，人就会生病；元气耗尽了，人也就走到了生命的尽头。元气决定着生命的全部，元气充足，人的免疫力就会强，从而战胜疾病。

如果说健康是个"1"，幸福、成就、事业、金钱等是"1"后面的"0"，那么尽管"0"越多越好，可如果最前面的这个"1"过早倒下了，再多的"0"也就没有什么意义了。

经济学家们曾经算过一笔账，想要搞明白健康与经济的关系，因为一个不健康或生病的人会少创造财富，而且生病本身的花费现在成了一个全球性的巨大包袱。结果他们发现，花费1元钱的保健＝8元钱的治疗＝100元的抢救费用，可见养生的重要作用。一个人如果懂得了养生，不但可以省掉接受治疗时的痛苦，而且可以为社会节省大量的财富。

古往今来，元气一直为善于养生的人所重视。我国著名的医学家、养生学家张景岳说："先天强厚者多寿，先天薄弱者多夭；后天培养者寿者更寿，后天斫削者夭者更夭。"这四句话的意思很明显，是要告诉人们，人的寿命长短与先天基础和后天培养都很有关系。我们虽然不能左右先天的基础，但是可以在后天培养上下工夫。

在人生不同阶段，养护元气的重点是不同的，中医讲究"幼年培元、青年惜元、中年护元、老年补元、病后复元"，可以说很明确地指出了人生不同时期养元气的主要着力点。

儿童正是长身体的时候，因此，养护元气对他们来说更加重要。几乎所有的父母都希望孩子有一个健康的体魄，然而，在真正去做的时候，却往往走向了误区。一些父母过分地娇宠自己的孩子，冬天裹得很厚实，夏天穿得很凉爽，热了不行，冷了也不行，以为这样就能使孩子保持健康。在吃饭上也是如此，拼命让孩子吃好的，喝好的，生怕一不小心慢待了孩子。

其实，大可不必如此。孩子的养生和大人一样，"养气"为重。让孩子多锻炼，多接触大自然，泥巴、水、阳光会让孩子更健康；让孩子多吃些五谷杂粮，锻炼孩子的肠胃。当然，还要帮助孩子养成健康豁达的心态和规律的生活习惯。这些都是养元气的重要内容。

钱钟书先生被称为当代"第一博学鸿儒"，享有"文化昆仑"的美誉。他的身体一向很好。晚年的时候，别人问他长寿的秘诀，他将自己的心得概括为十六个字，即"幽默风趣、淡泊名利、夫妻情深、童心童趣"。这十六个字也可以看做是钱钟书先生的养生之道。

钱钟书先生很幽默，在著述的过程中，经常使用幽默的语言。这一点在他的长篇小说《围城》中表现得最为明显。长篇小说《围城》共三十万字，其中由钱钟书先生创制的比喻竟然多达近千条！实在是让人叹为观止。

他不但在行文中常有智慧的幽默，在日常话语中，也经常有机智风趣的幽默语言，可以说，钱钟书先生的幽默俯拾皆是。这些幽默不但活跃气氛，让人心情倍感愉快，同时也显示出了钱钟书先生作为一个学人的睿智。

难怪有人说：看钱钟书充满幽默的文学作品，本身就是一条最有效的养生保健途径，正所谓"幽默疗法"。

钱钟书先生对名利也很淡漠。曾经有一次，国内18家省级电视台拟拍大型系列电视片《当代中华文化名人录》，想要拍摄有关他的部分，可是任凭电视台磨破嘴皮，钱先生就是不对应。

钱先生和夫人杨绛之间的感情非常融洽。半个世纪以来，二人相濡以沫，相敬如宾。这种亲密的夫妻情为他们的健康长寿打下了牢固的心理基础。

"文化大革命"中，钱氏夫妇被下放，但残酷的环境并没有消磨他们的爱情。两人或雪地探亲，或隔溪幽会，感情甜蜜犹如新婚。

钱钟书先生之所以能长寿，还在于他有一颗童心。他有童心，喜欢玩一种叫"石屋里的和尚"的游戏：一个人盘腿坐在帐子里，放下帐门，披着一条被单，自言自语，自得其乐。他有童趣，喜欢临睡时在女儿的被窝里埋"地雷"：把各种玩具、镜子、刷子之类的什物悄悄藏在被窝里，听到女儿被硌到时候的惊叫，他就开怀大笑。

秉持着这样的养生之道，1998年12月19日，钱钟书先生逝世，享年89岁。这样的长寿显然与其一直秉承的养生之道是分不开的。

同样，另一位钱氏家族的伟人钱学森也有自己的养生之道。2009年10月31日，享誉海内外的杰出科学家钱学森逝世，享年98岁。他伟大而长寿的一生，给我们留下了养生的宝贵财富。

当别人问起他的养生之道时，钱学森这样回答说："我没有时间考虑过去，我只考虑未来。"可以说，正是无我忘我的生活态度和精神追求让他寿长如松。

翻阅钱老的照片，我们看到的总是一张乐呵呵的笑脸。他的微笑不仅是乐观开朗的表现，更是虚怀若谷的体现。钱老的养生之道中很最重要的一点，就是淡泊名利：无论何时何地，他都能保持一颗平常心，无我故我寿。

在饮食方面，钱老也没什么讲究。在和别人的通信中，他曾经这样写道："四菜一汤就挺好。"平时，听音乐是钱老主要的休闲养生方式，他认为，音乐给了他慰藉，也引发了他幸福的联想。

和钱钟书不爱钱相似，钱学森最长挂在嘴边的话也是："我姓钱，但是我不爱钱。"这是钱学森的至理名言，也是他的财富观，更是他的养生观。

钱钟书先生和钱学森先生都很注重养生，也都很长寿。钱钟书先生的养生"十六字诀"和钱学森先生的长寿观有很多的相似之处。其实，很多懂得养生的人，其养生之道都与此相似。毛泽东主席国事繁忙，却活到了83岁高龄，他将自己的养生之道总结为"十六字诀"："遇事不怒，基本吃素，多多散步，劳逸适度。"

邓小平同志直到90岁的时候还依旧精神矍铄，他将自己的养生之道总结为20个字："乐观豁达、勤于动脑、坚持锻炼、合理膳食、家庭和谐。"

对比他们的养生之道，其实很容易就看出其中类似的地方。他们的健康和长寿，既得益于规律的生活，也得益于适当的饮食，更得益于豁达乐观的心态。即使进入老年，心理仍然很年轻，有一种不服老、不知老、不畏老的心态，有一种朝气蓬勃、乐观开朗、豁达大度的精神状态。

生命对于每个人来说只有一次，"长生不老"是千百年来人们追求的美好愿望，养生和保健问题也必然是人类永恒的话题。

在当今社会，养生学这门古老的学问，对于保证人类健康，提高生活质量，显得越来越重要。人们生活节奏不断加快，精神常常高度紧张，环境状况常常恶化，只有重视养生和保健，才能够延年益寿，抽出更多的精力、留下更多的时间实现自己的梦想，为社会做贡献。

世界卫生组织于1992年在日内瓦年会上提出健康的四大基石：合理饮食、适量运动、戒烟限酒、心理平衡，为人们日常保健指出了详细的方案。父母要让孩子明白这四大基石的重要性。我国著名的健康专家洪昭光总结的健康1 800定律：今天1分钟的预防，远胜于将来8分钟的治疗，100 分钟的抢救；今天 100 元的预防，远胜于将来 800 元的治疗，1 0000 元的抢救。这也再次证明了预防的重要性。

其实，预防保健不难做到，难的是持之以恒、一如既往地实践养生的好习惯。孩子们要明白，一个好身体是事业成功、家庭幸福的基础，要把养生作为一生的重要事情来看待，认认真真地做好它。

第48讲

富强——务本节用则国富；
进贤使能则国强

《钱氏家训》有言："务本节用则国富；进贤使能则国强。"这句话的意思是说，要积极发展农业，在此基础上讲求节约，这样国家就能够富裕；要多推荐、任用有才能的人，这样国家就能够强大。这句话对如何使国家富强提出了自己的看法。

从古到今，从国内到国外，自从出现了国家，如何使国家富强、如何使国家长治久安就成了人们讨论的核心话题。

早在春秋战国时期，著名思想家荀子就提出了"务本节用财无极"的主张。务本节用，就是开源节流，一方面致力于生财的根本，努力创造财富；一方面有计划地合理消费，节约开支。这样，财富就会不断积累，无限丰富。晋代陈寿的《三国志》中也记载了当时的大臣对务本节用的思考："安民之术，在于丰财，丰财者，务本而节用也。"

在我国古代，历朝历代都以农为本，因此"务本节用"只是局限于发展农业生产。这一点到了今天就显得有些不适用了。现在我们理解"务本节用"，就是要发展各个行业，而不仅仅局限于农业生产。

如果说"务本节用"是从物质方面为国家的强盛奠定基础，那么"进贤使能"则是从精神文化方面为国家的长久强盛提供保障。

"江山代有才人出，各领风骚数百年。"时代洪流滚滚向前，历史使命催人奋进。人才是一种资源，是一个地区、一个国家不可或缺的一种发展资源。它是国家软实力的表现，没有人才的民族是一个没有活力的民族，是没有竞争力的。纵览历史，我们可以看到，有时候一个人才的举用，甚至可以改变整个国家的命运。所以，"进贤使能"的作用不容小觑。

我国进入改革开放以来，领导人睿智地提出了"发展才是硬道理"的科学论断，这里的发展就可以看做是"务本"。而"进贤使能"从小的方面表现在一个公司、一个团体推荐、任用有才能的人；而从大的方面来说，则是对领导干部的选拔。

实践证明，选对、用好一个干部或人才或领导干部，就树立了一面旗帜，确立了一个领头人，明确了人民群众的主心骨。选错用坏一个干部及领导干部，就会影响某个地区或单位发展和创新，直接损害人民群众的利益，败坏国家和政府的形象。

对于一个家庭来说，《钱氏家训》中有关"务本节用则国富；进贤使能则国强"的说法也具有现实的启示。父母要教育孩子安守本分，对不务正业、即将走上邪路的孩子要加强督导，防止孩子在错误的道路上越走越远；同时要帮助孩子形成谦逊、不嫉妒的品质，让他们从小就认识到举荐别人的重要性，防止孩子成长为心胸狭隘、嫉贤妒能的人。

中国科学院院士孙家栋是运载火箭与卫星技术专家。新中国成立之后，在钱学森等一批科学家的带领下，科学技术有了长足的发展。

1957年，苏联发射了世界第一颗人造卫星。第二年，毛主席发出了"我们也要搞人造卫星"的号召，这时候的孙家栋还在苏联留学，听到这个号召之后，孙家栋回到中国，开始走向太空之路。

当时的一位苏联专家和他聊天时说："如果你们中国搞成了导弹，那么放卫星就不难了。"于是，孙家栋在紧张的工作之余，认真研读苏联火箭专家写的一本俄文版的《导弹概论》，并根据自己的研究成果写了《对苏联发射卫星采用火箭的猜想》一文。

这篇文章发表之后，引起了钱学森的注意。这时候的钱学森可以说是我国科技界的领军人物，他仔细阅读了这篇只有两页纸的文章，感觉很有价值，就把孙家栋叫到自己的办公室，专门与他讨论这个问题。

此后，孙家栋的文章引起了大家的争论，而钱学森则积极支持了孙家栋敢为人先的科学设想。钱学森认为孙家栋在从事导弹总体设计方面不仅制订方案认真严谨，而且对发射卫星设想大胆，思路开阔，是个不可多得的人才。

1967年3月，我国要加快卫星研制速度，加强卫星总体工作。聂荣臻元帅向担任空间技术研究院首任院长的钱学森征询意见，问他谁是最合适的人选，钱学森立刻就推荐了孙家栋。

孙家栋的家庭出身并不好，不是"红五类"。当时中国和苏联的关系恶化，而孙家栋则在苏联留学了8年时间，这些在当时的政治条件下看都是很不利的因素，因此很多人对孙家栋这个人选有一定的顾虑。可是钱学森觉得孙家栋爱国敬业，是一个可信任的有培养前途的中青年专家，因此坚持自己的意见。

终于，聂荣臻元帅同意了钱学森的推荐，让孙家栋担任卫星总体技术总负责人，领导我国第一颗卫星"东方红一号"的研制工作。

钱学森亲自找到孙家栋，语重心长地说：虽然我们面前有很多的困难，但我们要集中精力按照党中央的部署，加快卫星研制速度，实现1970年将中国的人造卫星发射上天的宏愿。

在钱学森的直接领导和帮助下，孙家栋面对着"机遇和风险并存，困难与希望同在"的大环境，开始尽情展示自己的才华。

这时候的孙家栋只有38岁，但是却没有辜负钱学森等人的期望。他详细考察了各部门有特长的技术骨干，在全面了解和分析卫星研制情况的基础上，挑选出了18位技术骨干，这就是后来被称为"航天十八勇士"的干将。

这"十八勇士"由于系统、专业分配合理，每个人的基本素质都无可争议地得到了大家的认同。这在当时阶级斗争激烈的氛围下是十分难得的，由此可见孙家栋的才干。当时的领导和群众都称赞说，孙家栋这活儿干得漂亮，开了中国造卫星的一个好头，钱学森也高兴地说："你这个家栋真有办法！"

钱学森对孙家栋的工作十分支持，在他的关怀下，孙家栋得以全心全意投入到科研工作中去。1970 年 4 月 24 日，"东方红一号"卫星一举发射成功。中国的第一颗人造地球卫星问世了，让世界人民不仅能看见卫星，而且能听到太空传来的《东方红》乐曲。

此后，孙家栋相继成为中国第一颗人造地球卫星、第一颗遥感探测卫星、第一颗返回式卫星的技术负责人、总设计师。接着又担任中国第一颗通信卫星、静止轨道气象卫星、资源探测卫星、大容量通信卫星、北斗导航卫星等应用卫星大系统的工程总设计师。后来孙家栋当之无愧地成为中国探月卫星工程首任总设计师，把中国的第一颗探月卫星"嫦娥一号"送上了月球。

钱学森的"进贤使能"让孙家栋脱颖而出，也使中国的航空航天事业得到了更快的发展，让中国走向了更加富强的大路。"进贤使能则国强"，这句话用在这里真是再合适不过了。

国家要富裕，需要不断发展生产，厉行节约。发展是国家的第一要务，发展也是实现共同富裕的根本途径。目前，对于我国来说，最大的问题就是发展不足。由于发展不足，所以很多家庭的生活水平很低；由于发展不足，人们的社会保障和福利难以进步；由于发展不足，许多本来是很好的政策实行起来却捉襟见肘。

国家要强大，需要储备人才，发挥人才的潜力。人才是一种巨大的效应，它和发展是成正比关系，人才越多，人才效应发挥得越好，经济社会发展得就越快越好。我国是最大的发展中国家，正处于改革开放的非常时期，也是发展的黄金期，应该充分发掘和利用好人才资源，为经济社会发展献计献策，形成"马太效应""财富效应""集群效应"，努力打造"人才洼地"和经济社会文化全面发展的"高地"。

　　根据这两点，作为父母应该得出哪些结论呢？结论当然是显而易见的。

　　如今社会家庭中，孩子多数都是独生子女，家里人人都宠爱有加，造成对孩子的溺爱，养成诸多恶习和对学习的厌倦。因此，孩子的教育可以说是家庭教育的重中之重。国家要富强，需要一个个的孩子都能够健康成长。望子成龙的父母们，应当切实加强孩子的教育，让他们掌握足够的科学技术知识，养成完好的个人品质，形成良好的性格和气质，从而在国家富强的进程中发挥应有的作用。

第49讲

久安——兴学育才则国盛；
交邻有道则国安

《钱氏家训》有言：“兴学育才则国盛；交邻有道则国安。”这句话的意思是说，要兴办教育、培育人才，国家才能够强盛；要选择好的邻国，这样国家才能够安定。这句话承接“务本节用则国富；进贤使能则国强”，对国家如何实现强盛安定提出了进一步的见解。

“兴学育才则国盛”说明兴办教育的重要性。我国古代将教育看作民族生存的命脉。由于我们的祖先很早就知道教育的重要，所以远在四五千年以前就开始了有意识的教育活动。中国古代教育的起源可以追溯到夏、商、西周以前。

我国历朝历代都十分重视教育的作用，“万般皆下品，唯有读书高”就是教育重要性的直观展示。而“书中自有黄金屋，书中自有颜如玉，书中自有千钟粟”等话语则更加直白地说明了人们对教育和读书的推重。

当今的社会，教育的重要性更是不言而喻。要发展社会，就要发展生产力；要发展生产力，就要发展科学技术；要发展科学技术，就要搞教育。现在的中国还是发展中国家，如果想成为发达国家，那就必须要靠教育来发展科学技术，提高核心竞争力，才能改变现有经济模式。

对于单个的人来说，教育的作用显然也不可忽视。现在的社会是信息爆炸的社会，科学技术无处不在，如果不接受充分的教育，一个人长大之后很可能就会成为新时代的“新型文盲”——不会上网，不会开车，不会解决新问题，不能想出新办法，这些都是不重视教育的恶果。

"交邻有道则国安"是说一个国家如果能够选择好的邻国就可以少打仗，获得国家的长久安定。《钱氏家训》中的这句话生成于"五代十国"的混乱时期，因此带有一定的时效性。但是这句话对父母教育孩子的理念则有一定的指导意义。

我国历史上有"孟母三迁"的典故，孟子的母亲为了使孩子有一个良好的学习环境，不辞辛苦，择邻而居，尽可能为孩子提供有利于教育的条件。

当前的很多父母在对孩子的教育方面却存在着相当多的误区。不少父母对孩子的教育不可谓不重视，但是却不得要领，有时候甚至是好心办坏事，这样的事情再常见不过了。

有一位儿童教育专家这样说道："我们现在的家庭教育仿佛是农民在盐碱地上种庄稼，尽管盐碱地的条件非常恶劣，但仍然有些庄稼不屈不挠地长出来了，不是盐碱地好，而是长出来的庄稼生命力强。"这个比喻实在是很贴切。

因此父母要想让孩子接受良好的教育，不但要为孩子提供良好的物质环境，让孩子在衣食无忧的条件下放心享受学习的乐趣，父母自己也要多学习，多接受新的教育，多提高自己，不断更新自己的教育理念，优化自己的教育方法，这样才能够满足孩子成长的需求。

钱氏家族对教育的重视可以说是无以复加的。钱氏家族的很多族人不但重视对子女的教育，而且自身也投身于教育行业，为我国的教育事业做出了卓越的贡献。

钱基博是民国时期著名的古文学家、文史专家和教育家。他一生从事教育事业44年，先后在小学、中学、大学工作过，培养了无数的人才，被其弟子称颂为"精神博大，一代宗师无愧，似花工，终生灌园，五洲四海多桃李"。

钱基博早年参加革命，1913年任无锡县立第一小学文史地教员。1920年后任吴江丽则女子中学国文教员、江苏省立第三师范学校国文与经学教员及教务长。1923年后历任上海圣约翰大学国文教授、北京清华大学国文教授、南京中央大学

（1949 年改名南京大学）中国语文学系教授、无锡国学专修学校校务主任、光华大学中国文学系主任及文学院院长等职，始终奋斗在教育的第一线。

1937 年，中国抗日战争爆发，钱基博又历任浙江大学中文系教授、湖南蓝田国立师范学院（今湖南师范大学）国文系主任、南岳抗日干部训练班教员。1946 年抗战胜利后，任武汉华中大学（今华中师范大学）教授，直到 1957 年 11 月 30 日去世。

钱基博的很多教育思想和教育理念都很先进。他提出的教育救国须先重视师范教育的思想、"师范生一支笔"的先进教育理念、对学生要正面教育的思想等，对后来教育理念的进步都有很大的指导和借鉴作用。

钱基博有三子一女，其中长子钱钟书也长期从事教育工作。1933 年，钱钟书从清华大学外国语文系毕业后，就到上海光华大学任教。

1938 年，钱钟书留学回国后，就在清华大学任教授，次年转赴国立蓝田师范学院任英文系主任。1941 年，珍珠港事件爆发之后，钱钟书被困上海，任教于震旦女子文理学校。1945 年，抗战结束后，他又任上海暨南大学外文系教授。1949 年，中华人民共和国成立，钱钟书回到清华任教，一直到"文化大革命"开始。

钱钟书的夫人杨绛女士 1935—1938 年留学英法，回国后也长期从事教育工作，曾在上海震旦女子文理学院、清华大学任教。

钱钟书和杨绛有一个独生女叫钱瑗。1959 年，钱瑗毕业于北京师范大学俄语系，并留校任教。她精通英、俄两种语言。她在北京师范大学长期执教，直到 1997 年病逝。

钱基博、钱钟书、钱瑗一门三代都投身于教育事业，这种献身教育、为国育才的精神令人赞叹。而钱氏族人中从事教育行业的并不仅是他们一家，事实上，在教育行业上做出卓越贡献的钱氏族人不胜枚举。

　　如物理学家钱伟长就同时也是教育家。他 1946 年至 1948 年任清华大学教授兼北京大学、燕京大学教授。1949 年至 1983 年任清华大学教授、副教务长、教务长、副校长。1983 年至 2010 年任上海工业大学（现上海大学）校长，上海市应用数学与力学研究所所长。钱伟长还担任暨南大学、漳州大学、沙洲工学院的名誉校长，并任南京理工大学、江苏大学、成都电子科技大学、西南交通大学、华侨大学等校的名誉教授。他的"拆墙理论"对教育理念的革新至今仍具有现实的指导意义。

　　中国现代历史学家、国学大师钱穆曾历任燕京、北京、清华、四川、齐鲁、西南联大等大学教授，也曾任无锡江南大学文学院院长。1949 年，他迁居祖国香港，在香港创办新亚书院。钱穆一生以教育为业，五代弟子，冠盖云集，余英时、严耕望等人皆出其门下。著名物理学家钱伟长是他的侄子，幼年时亦受其教，打下了深厚的国学功底。

　　而钱穆先生的女儿钱易女士 1957 年考入清华大学攻读研究生，1959 年 10 月毕业后留校任教至今，培养了无数优秀人才。

　　"十年树木，百年树人""百年大计，教育为本"。兴学育才可以使社会焕发出生生不息的生命力，加强教育可以使人懂得礼义廉耻，懂得维护社会的正常秩序和健康肌体。因此，一个国家对教育是否重视，在一定程度上关系着这个国家以后的国运是走向兴盛还是走向衰败，关系着国家是否能够长治久安。

　　犹太民族是最重视教育的民族，犹太人有这样的名言："尊师如敬上帝，教师重于父亲。"以色列建国之后，把教育兴国作为国家的基本国策。以色列的开国总理古里安说："犹太历史经验就只有一条，那就是'质量胜过数量，没有教育就没有未来'。"

　　以色列建国第二天就爆发了战争，战火中即使面对战争，古里安总理也没忘把只有两个人的教育部留在后方，让他们起草以色列的义务教育法。

　　我国古代重视教育的传统也为我们留下了宝贵的财富。春秋时期的大教育家孔子在三十岁左右开始了自己的教育生涯。他在鲁国从政和周游列国期间，不断广收弟子，随时随地讲学，前后从事教育工作达四十余年。《史记·孔子世家》载孔子有"弟子盖三千焉，身通六艺者七十有二人"，他自己也说："受业身通者七十有七人。"

他培养了无数人才，更是古代中国教育思想的集大成者。他所提出的因材施教、知行统一、循序渐进的教育思想影响了一代又一代的中国人，直到今天还闪烁着耀眼的光辉。

孩子的教育是一个复杂的课题，对父母也提出了很高的要求。孩子在学校、家庭和社会的共同作用下成长，在这三者之中，家庭教育显然非常重要。

家庭是人生的第一环境，父母是孩子天然的老师。亲情的纽带，使家庭教育具有学校教育、社会教育不可代替的地位和作用。良好的家庭教育，可以引导孩子形成正确的人生观、道德观，帮助孩子走向成功；反之，必然使孩子滑向反面。因此，父母要扮演好自己的角色，做好孩子的家庭教育工作。要尽到教育子女的责任与义务，当好孩子的首任老师。